高等职业教育"十四五"系列教材

Diandong Qiche Dianqi Xitong Anzhuang yu Tiaoshi

电动汽车电气系统安装与调试

徐生明　主　编
徐念峰　主　审

人民交通出版社股份有限公司

北　京

内 容 提 要

本书是高等职业教育"十四五"系列教材。主要内容包括：电动汽车电气系统结构认知和电路图的识读、电动汽车动力蓄电池系统的安装与调试、电动汽车充电系统安装与检测、电动汽车驱动电机系统安装与检测、电动汽车动力冷却系统安装与调试、电动汽车空气调节系统安装与调试、电动汽车转向系统安装与调试、电动汽车制动系统安装与调试、电动汽车电子辅助设备安装与调试、电动汽车整车电气控制系统安装与调试、智能网联汽车电控装置标定与测试等理论知识和技能训练项目。本书充分体现职业技术教育"职业性""实用性""综合性"，注重理论联系实际、图文并茂、深入浅出，培养学生从事汽车电气系统总装与调试岗位的专业知识和专业技能。

本书可供职业院校汽车制造与试验技术、新能源汽车技术等专业教学使用，也可作为汽车制造、汽车维修行业技术人员的参考书。

图书在版编目（CIP）数据

电动汽车电气系统安装与调试/徐生明主编.—北京：人民交通出版社股份有限公司，2022.6
ISBN 978-7-114-17923-5

Ⅰ.①电… Ⅱ.①徐… Ⅲ.①电动汽车—电气系统—设备安装—职业教育—教材②电动汽车—电气系统—调试方法—职业教育—教材 Ⅳ.①U469.72

中国版本图书馆 CIP 数据核字（2022）第 064414 号

书　　名：	电动汽车电气系统安装与调试
著 作 者：	徐生明
责任编辑：	时　旭
责任校对：	赵媛媛
责任印制：	张　凯
出版发行：	人民交通出版社股份有限公司
地　　址：	(100011) 北京市朝阳区安定门外外馆斜街 3 号
网　　址：	http://www.ccpcl.com.cn
销售电话：	(010)59757973
总 经 销：	人民交通出版社股份有限公司发行部
经　　销：	各地新华书店
印　　刷：	北京科印技术咨询服务有限公司数码印刷分部
开　　本：	787×1092　1/16
印　　张：	16.25
字　　数：	362 千
版　　次：	2022 年 6 月　第 1 版
印　　次：	2023 年 8 月　第 2 次印刷
书　　号：	ISBN 978-7-114-17923-5
定　　价：	58.00 元

（有印刷、装订质量问题的图书，由本公司负责调换）

前言

目前我国新能源汽车正处于快速发展阶段,国家出台了一系列政策引导和推动我国电动汽车产业的发展,2020年11月,国务院办公厅印发《新能源汽车产业发展规划(2021—2035)》提出,到2025年新能源汽车新车销售量达到汽车新车销售总量的20%,到2035年纯电动汽车成为新销售车辆的主流,公共领域用车全面电动化,燃料电池汽车实现商业化应用,高度自动驾驶汽车实现规模化应用,有效促进节能减排水平和社会运行效率的提升。根据发展规划要求,电动汽车作为主推新能源汽车市场成长空间较大。随着汽车整车制造基地由东部向西部地区转移,汽车整车制造和零部件制造企业在全国快速发展,对汽车制造与检测、汽车制造与试验技术、汽车工程技术、新能源汽车制造与检测、新能源汽车检测与维修技术、新能源汽车技术、新能源汽车工程技术等专业高素质技术技能型人才的需求将持续增加。为适应这一发展和教学需要,我们组织四川交通职业技术学院骨干教师和威马汽车制造温州有限公司工程师团队编写了《电动汽车电气系统安装与调试》这本活页式教材。

本教材主要内容包括:电动汽车电气系统结构认知和电路图的识读、电动汽车动力电池系统安装与调试、电动汽车充电系统安装与检测、电动汽车驱动电机系统安装与检测、电动汽车动力冷却系统安装与调试、电动汽车空气调节系统安装与调试、电动汽车转向系统安装与调试、电动汽车制动系统安装与调试、电动汽车电子辅助设备安装与调试、电动汽车整车电气控制系统安装与调试、智能网联汽车电控装置标定与测试等理论知识和技能训练项目。

参加本教材编写工作的有:四川交通职业技术学院徐生明(编写项目一),四川交通职业技术学院李健(编写项目二、四),威马汽车制造温州有限公司工程师卓本丹(编写项目三),四川交通职业技术学院郭旭峰(编写项目五、六、十),四川交通职业技术学院迟亚海(编写项目七、八、十一),威马汽车制造温州有限公司高级工程师孙伟(编写项目九)。全书由全国汽车职业教育教学指导委员会委员、四川交通职业技术学院徐生明教授担任主编,由全国汽车职业教育教学指导委员会秘书长、中国汽车工程学会汽车应用与服务分会秘书长徐念峰担任主审。

限于编者学识水平有限,编写时间仓促,教材内容难以覆盖每种电动汽车车型,书中难免有一些错误和不当之处,敬请专家、读者批评指正,及时提出修改意见和建议,以便再版时修正。

编　者
2022年2月

目录

项目一 | 电动汽车电气系统结构认知和电路图的识读 ………… 1

    任务1　电动汽车电气系统结构及安全认知 ………… 1
    任务2　电动汽车电气线路图的识读 ………… 13

项目二 | 电动汽车动力蓄电池系统的安装与调试 ………… 35

    任务1　动力蓄电池系统的认知 ………… 35
    任务2　电动汽车动力蓄电池组的组装与更换 ………… 44

项目三 | 电动汽车充电系统安装与检测 ………… 56

    任务1　电动汽车快速充电系统安装与检测 ………… 56
    任务2　电动汽车常规充电系统安装与检测 ………… 63

项目四 | 电动汽车驱动电机系统安装与检测 ………… 73

    任务1　驱动电机系统的认知 ………… 73
    任务2　驱动电机总成安装与检测 ………… 86

项目五 | 电动汽车动力冷却系统安装与调试 ………… 101

    任务1　电动汽车动力冷却系统的组成与原理 ………… 101
    任务2　电动汽车驱动装置冷却系统安装与调试 ………… 110

项目六 | 电动汽车空气调节系统安装与调试 ………… 116

    任务1　电动汽车空调系统的组成与原理 ………… 116
    任务2　空调电动涡旋压缩机的安装与调试 ………… 120

项目七 | 电动汽车转向系统安装与调试 ………… 125

    任务1　电动汽车转向系统的结构原理 ………… 125

　　　　任务 2　电动汽车转向系统的安装与检测 ·················· 132

项目八｜电动汽车制动系统安装与调试 ·················· 140

　　　　任务 1　电动汽车制动系统的组成与原理 ·················· 140
　　　　任务 2　电动汽车制动系统的安装与检测 ·················· 154
　　　　任务 3　电动汽车真空助力制动系统安装 ·················· 162

项目九｜电动汽车电子辅助设备安装与调试 ·················· 169

　　　　任务 1　电动汽车照明与信号系统安装与调试 ·················· 169
　　　　任务 2　电动汽车电子组合仪表安装与调试 ·················· 184
　　　　任务 3　电动汽车安全气囊系统安装与检测 ·················· 191
　　　　任务 4　电动汽车电子附加设备安装与调试 ·················· 201

项目十｜电动汽车整车电气控制系统安装与调试 ·················· 212

　　　　任务 1　电动汽车电气总线系统的组成与原理 ·················· 212
　　　　任务 2　电动汽车整车控制器的组成与原理 ·················· 217
　　　　任务 3　电动汽车整车下线总检 ·················· 224

项目十一｜智能网联汽车电控装置标定与测试 ·················· 228

　　　　任务 1　智能网联汽车电控装置标定 ·················· 228
　　　　任务 2　智能网联汽车电控装置测试 ·················· 240

参考文献 ·················· 251

项目一 电动汽车电气系统结构认知和电路图的识读

任务1 电动汽车电气系统结构及安全认知

学习目标

完成本学习任务后,你应当能够:

1. 叙述电动汽车的分类和特点;
2. 叙述电动汽车的组成和布置形式;
3. 分析不同品牌电动汽车的特点;
4. 在教师指导下,查阅电动汽车工作手册及电气系统相关资料;
5. 简述电动汽车电气系统安装与调试的安全注意事项;
6. 遵守现场8S(整理、整顿、清理、清扫、安全、服务、素养、节约)规定,正确使用电气系统安装与调试工量具。

任务书

实训任务单见表1-1-1。

实 训 任 务 单　　　　　　　　表1-1-1

专业班组		班长		日期	
实训任务	电动汽车电气系统结构及安全认知					
检查意见:					
签字:					

任务分组

学生任务分配见表1-1-2。

学生任务分配表   表1-1-2

班级		组号		指导老师	
组长		学号			
组员	姓名		学号	姓名	学号
任务分工					

获取信息

引导问题1：电动汽车有哪些类型？对照图1-1-1，分析各种电动汽车的特点。

_____

_____

_____

a) 电动汽车

b) 生物燃料汽车

c) 气体燃料汽车

d) 燃料电池电动汽车

图1-1-1　电动汽车的认识

💡 **小提示1**：

我国于2009年7月1日正式实施的《新能源汽车生产企业及产品准入管理规则》明确指出：新能源汽车是指采用非常规的车用燃料作为动力来源（或使用常规的车用燃料、采用新型车载动力装置），综合车辆的动力控制和驱动方面的先进技术，形成的技术原理先进、具有新技术、新结构的汽车。

新能源汽车主要包括混合动力汽车、纯电动汽车（BEV，包括太阳能汽车）、燃料电池电动汽车（FCEV）、氢发动机汽车、其他新能源（如高效储能器、二甲醚）汽车类各类别产品。

❓ **引导问题2**：什么是电动汽车？什么是纯电动汽车？分别包括哪些类型？各有什么特点？

_____

_____

_____

💡 **小提示2**：

电动汽车（Electric Vehicle, EV），它配置有大容量电能储存装置，行驶过程中全部或部分由电机驱动。电动汽车包括纯电动汽车、混合动力电动汽车和燃料电池电动汽车三种类型。

1. 纯电动汽车

纯电动汽车（Battery Electric Vehicle, BEV）是指驱动能量完全由电能提供的、由电机驱动的汽车。电机的驱动电能来源于车载可充电储能系统或其他能量储存装置。

电动汽车的基本结构

值得注意的是，铅酸蓄电池能量密度低且污染严重，使用铅酸蓄电池的低速电动汽车是不被列入新能源汽车的。

虽然纯电动汽车已有140余年（1881年开始）的悠久历史，但一直仅限于某些特定范围内应用，市场较小。主要原因是，各种类别的蓄电池普遍存在价格高、寿命短、外形尺寸和质量大、充电时间长等严重缺点。

(1) 纯电动汽车与内燃机汽车相比，具有以下优点：

① 环保：电动汽车采用动力蓄电池组及电机驱动，工作时不会产生废气，不污染环境。

② 低噪声：电动汽车不会像内燃机汽车那样发出噪声，它所产生的噪声几乎可以忽略不计。

③ 经济：电动汽车使用成本低廉，只有汽油车的五分之一左右。而且能量转换效率高；在制动过程中，电动机可自动转化为发电机，实现制动减速时能量的再利用。

④ 易维护：电动汽车采用电机及蓄电池组驱动，不需要传统发动机那些烦琐的维护项目。

⑤ 节约能源：电动汽车的应用可有效地减少对石油资源的依赖，向蓄电池充电的电力可以由煤、天然气、水力、太阳能、风力等能源转化。除此之外，如果夜间向蓄电池充电，还可以避开用电高峰，有利于电网均衡负荷，减少费用。

(2) 纯电动汽车与内燃机汽车相比，具有以下缺点：

① 续驶里程低。

以特斯拉Model 3为例，国产标准版的Model 3标定续驶里程为445km，然而实际使用情况是，在蓄电池满电、不开空调、不猛踩加速踏板、尽量匀速行驶在城市铺装道路的情况下，实际续驶里程在330~380km左右,甚至最低为310km。再考虑到对蓄电池的使用采用"2~8"充电策略(蓄电池电量剩余20%就要充电,每次充电尽量不要超过总容量的80%),那么则还要再乘以60%,这样算下来续驶里程最多只有300km。

②充电设施不够完善。

虽然近几年国家以及各大车企对于充电桩的建设投入了大量的人力物力,可目前来看,全国充电桩的数量仍然不是很多,而且大都集中在一、二线城市,大部分三、四线城市的纯电动汽车车主只能靠自家安装的充电桩给车辆补充电能;公用超快充电站建设不完善,大规模投入使用后,无法在时间和空间上确保有效的充电。纯电动汽车及公用超快充电站无法有效对接。

③蓄电池衰减。

纯电动汽车蓄电池长时间使用后,续驶里程必然会逐渐减少,衰减速度一般为第一年8%左右,之后两年再衰减4%,5~6年后会逐年衰减1%左右。

④保值率低。

电子产品更新换代速度很快,而电动汽车的车型、车用蓄电池技术更新速度很快,加之蓄电池衰减、品牌影响力等因素,纯电动汽车在二手车市场的上报价较低。

2. 混合动力电动汽车

混合动力电动汽车(Hybrid Electric Vehicle,HEV)是指能够至少从可消耗的燃料或可再充电能/能量储存装置中获得动力的汽车。混合动力电动汽车的主要特点在于:采用小排量的发动机,降低了燃油消耗;将制动和下坡时的能量回收到蓄电池中再次利用,降低了燃油消耗;在繁华市区,可关停发动机,由电机单独驱动,实现"零排放"。油电混合动力电动汽车组成如图1-1-2所示。

图1-1-2 油电混合动力电动汽车组成示意图

(1)按照动力系统结构形式可分为:

串联式混合动力电动汽车(Series Hybrid Electric Vehicle),车辆的驱动力只来源于电机的混合动力电动汽车。

并联式混合动力电动汽车(Parallel Hybrid Electric Vehicle),车辆的驱动力由电机及发动机同时或单独供给的混合动力电动汽车。

混联式混合动力电动汽车(Combined Hybrid Electric Vehicle),同时具有串联式和并联式驱动方式的混合动力电动汽车。

(2)按照外接充电能力可分为:

可外接充电式混合动力汽车(Plug-in Hybrid Electric Vehicle,PHEV)。

不可外接充电式混合动力汽车(Hybrid Electric Vehicle,HEV)。

可外接充电式混合动力汽车在正常使用情况下可从非车载装置中获取电能量。这类汽车的特点是更有利于节能减排,可由电能单独驱动,并配备一个大容量的可外部充电的蓄电池组,可通过停车场的380V或家庭220V交流电源进行充电,也可通过充电站的直流充电桩进行快速充电。例如,比亚迪F3DM和雪佛兰VOLT,以及一汽电动汽车公司的奔腾B50插电式混合动力电动汽车都属于这种类型。

不可外接充电式混合动力汽车在正常使用情况下从车载燃料中获取全部能量。蓄电池的电能在下降一定数值(比如60%)时,由发动机工作带动高压发电机给蓄电池充电,这种充电大多数是发生在发动机处于高效率工况时。

(3)按照行驶模式选择方式可分为:

有手动选择功能的混合动力电动汽车。

无手动选择功能的混合动力电动汽车。

具备手动选择行驶模式功能的混合动力电动汽车,车辆可选择的行驶模式包括纯电动模式、热机模式和混合动力模式。不具备手动选择行驶模式功能的混合动力电动汽车,车辆的行驶模式可根据不同工况自动切换。

3. 燃料电池电动汽车

燃料电池电动汽车(FCEV)是以燃料电池系统作为单一动力源或者是以燃料电池系统与可充电储能系统作为混合动力源的电动汽车。可分为燃料电池混合动力电动汽车和纯燃料电池电动汽车。前者以燃料电池系统与可充电储能系统作为混合动力源,后者以燃料电池系统作为单一动力源。例如:氢燃料电池电动汽车,利用氢气和空气中的氧在催化剂的作用下在燃料电池中经电化学反应产生的电能驱动的汽车。其特点主要表现在:燃料电池的能量转换效率可高达60%～80%;燃料电池零排放,不会污染环境;氢燃料来源不依赖石油燃料。

任务实施

引导问题3:对照图1-1-3分析纯电动汽车的组成和布置形式。

_____

_____

_____

电机和控制器

图1-1-3 纯电动汽车的组成

❓ **引导问题 4**：国内生产的电动汽车品牌有哪些？其主要参数有哪些区别？各有什么特点？

_____

_____

💡 **小提示 3：**

1. 奔腾 B50EV 纯电动汽车

奔腾 B50EV 纯电动汽车如图 1-1-4 所示，采用一汽技术中心自主研发的纯电动乘用车动力平台，整个平台由电机、动力蓄电池、减速器、整车控制器、电动附件和专用显示仪表等组成，该动力系统具有启动电爬行、纯电动、再生制动、电子驻车制动、家用充电、快速充电等功能。

参数	数据
动力蓄电池类型	磷酸铁锂蓄电池
电机类型	永磁同步电机
电池功率	42/90kW
最高车速	147km/h
百公里耗电量	16kW·h/100km
充电时间	快充15min 可达80%，慢充3~4h
60km/h 等速续驶里程	136km
反复充电次数	2000次

图 1-1-4　奔腾 B50EV

2. 比亚迪 e6 纯电动汽车

图 1-1-5 所示为比亚迪 e6 纯电动出租汽车，百公里耗电 21.5kW·h，充满电可续驶 300km。在动力输出方面，最高可达 75kW，10s 内可达到最高车速 140km/h。

参数	数据
动力蓄电池类型	磷酸铁锂蓄电池
最高车速	140km/h
百公里耗电量	21.5kW·h/100km
充电时间	快充15min 可达80%
60km/h 等速续驶里程	300km
反复充电次数	5000次

图 1-1-5　比亚迪 e6 纯电动汽车

该车变频器下部内置有车载充电机，车载充电机接口具有三相或单相充电功能，经整流后再给蓄电池充电，而直流充电接口直接给锂离子电池充电。充电接口还有移动供电站的功能，可实现给道路车辆充电和抢险救灾车辆充电。

3. 上海牌燃料电池电动汽车

图 1-1-6 所示为上海牌燃料电池电动汽车和技术参数表。

参数	数据
动力蓄电池类型	锂离子蓄电池
转矩（额定/峰值）	100N·m/210N·m
控制器最高效率	93%
最高车速和最大续驶里程	140km/h，250km
0~100km/h 加速时间	≤15s
百公里经济型	1.4kg/100km
电动机（额定/峰值）	42kW/88kW
燃料电池发动机	55kW

图 1-1-6　上海牌燃料电池电动轿车

4. 上汽荣威 550 插电式混合动力电动汽车

图 1-1-7 所示为上汽集团自主研发的插电式混合动力电动汽车荣威 550。

参数	数据
发动机和电机综合最大功率	147kW
发动机和电机综合最大转矩	587N·m
动力蓄电池类型	磷酸铁锂蓄电池
电机类型	永磁同步电机
综合工况油电综合续驶里程	大于 500km
综合工况纯电续驶里程	60km
最高车速	200km/h
慢充满电耗时	6~8h

图 1-1-7　荣威 550 插电式混合动力电动汽车

5. 威马 EX5—Z 纯电动 SUV

威马 EX5—Z 纯电动汽车是典型的运动型城市 SUV，如图 1-1-8 所示。

参数	数据
电动机总功率	160kW
电动机总转矩	315N·m
充电时间	快充：0.5h
快充电量	80%
最高车速	160km/h
0~100km/h 加速时间	8.5s

图 1-1-8　威马 EX5 纯电动 SUV

其他还有北汽新能源电动汽车、奇瑞纯电动汽车、长安纯电动汽车、吉利纯电动汽车等车型。

引导问题 5：查阅相关资料分析纯电动汽车电气系统的构成。它与普通电控汽油发动机汽车有什么不同？

💡 **小提示4：**

纯电动汽车(BEV)电气系统由电源系统(动力蓄电池包、电池管理系统、车载充电机及辅助动力源等)、驱动电机系统、整车电控系统、车身电控系统、仪表、空调系统、能量控制系统、加热器和辅助电控装置等组成，如图1-1-9所示。

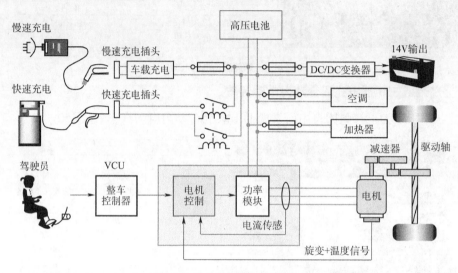

图1-1-9　纯电动汽车电气系统构成

高压电气系统主要由动力蓄电池、驱动电机和功率变换器等大功率、高电压电气设备组成，高压系统组成如图1-1-10所示。对于电动汽车使用的电压平台来说，电动汽车的高压系统就是B级电压电路[最大工作电压大于30V AC(有效值)且小于或等于1000V AC(有效值)，或大于60V DC且小于或等于1500V DC]。

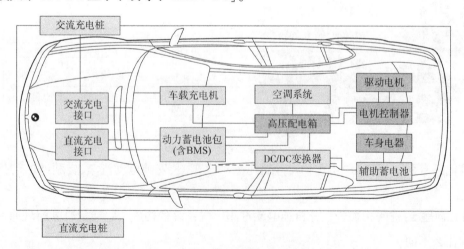

图1-1-10　高压系统组成示意图

低压电气系统包括DC/DC功率变换器、辅助蓄电池、整车控制系统和整车所有的低压设备，电压常为12V DC，若有DC/DC变换器，低压系统电压应该维持在13.5～13.8V之间，以确保整车低压系统能够得到稳定的低压源。

拓展知识

纯电动汽车电气元件安装与调试时安全注意事项如下。

1. 断开蓄电池的注意事项

每当连接或断开蓄电池电缆、蓄电池充电器、跨接电缆时，启动开关电源模式必须置于"OFF（关闭）"状态，并且所有电气负载必须为"OFF"，除非操作程序中另有说明。如果工具或设备容易接触裸露的带电电气端子，还要断开蓄电池负极搭铁线。违反安全须知，可能导致人身伤害和损坏车辆、车辆部件。

2. 照明灯泡更换注意事项

卤素灯泡内含高压气体，处理不当会使灯泡爆炸成碎片。为避免人身伤害，应做到：

（1）在更换灯泡前，关闭灯开关并使灯泡冷却。

（2）保持灯开关关闭，直到换完灯泡。

（3）更换卤素灯泡时，务必戴上护目镜。

（4）拿灯泡时，只能拿住灯座，避免接触玻璃。

（5）灯泡要避免沾灰尘和湿气。

（6）正确处理报废旧灯泡。

（7）卤素灯泡要远离儿童。

3. 充电测试安全

（1）确认电池管理系统（BMS）与充电机通信是否正常，车辆能否正常充电。

（2）全程观察充电过程中电池的状态并记录充电数据。

（3）观测充电末端 BMS 是否能按设计要求进行相关的限功与停止充电等动作。

（4）对充电时记录的数据进行分析，对照技术协议进行验证。

（5）不建议使用 BMS 和充电机没有通信的充电方式、没有任何继电器及熔断器保护的充电回路设计。

4. 动力蓄电池及温度控制装置安装与调试的注意事项

（1）避免外界环境温度过高或过低造成动力蓄电池损害的方法。

①请勿将车辆停靠在环境温度超过 45℃ 环境中超过 1 天。

②动力蓄电池加热装置仅在充电线缆连接的情况下开启，因此当未连接充电线缆时，请勿将车辆停靠在环境温度低于 -20℃ 环境中超过 3 天。

③纯电动汽车包含一组密闭的高电压锂离子动力蓄电池。如果动力蓄电池不适当地裸露在外，会存在剧烈燃烧和触电的危险，可能导致严重伤亡及环境污染。

（2）为了避免损坏动力蓄电池，安装时应遵守以下几点。

①勿将车辆在 45℃ 高温环境下放置超过 1 天，要及时放置到阴凉环境中。

②勿将车辆在 -20℃ 低温环境下放置超过 3 天，要及时放置到温暖环境中。

③电池电量低于 15% 时，车辆不得停放超过 14 天，要及时为车辆充电。

④勿将车辆上的动力蓄电池用作其他用途。

5. 高压安全预防措施

纯电动汽车高压动力蓄电池额定电压在 300～380V DC 之间,切勿在高压电未断开的情况下裸手触碰高压部件。高压部件包括:驱动控制装置、高压配电装置、车载充电机、高压主线缆、快充充电插头、快充充电插座、动力蓄电池、驱动电机、慢充充电插座、慢充充电插头、电动压缩机、电动加热器等。

车辆行驶一段时间后,驱动电机表面、驱动控制装置、电动真空泵表面温度较高;如果使用空调制冷,电动空调压缩机表面、散热器表面温度较高;车辆充电过程中,车载充电器表面温度较高。以上这些情况下,切勿裸手触碰上述部件。

严禁私自拆卸车内高压电气部件,私自拔下、断开车上高压接插件和线缆,否则可能引起严重电击伤害和车辆损坏。车内高压线缆都用橙黄色波纹管包裹,应注意识别。

6. 有关充电的注意事项

(1)充电前检查充电线缆的表皮、外壳有无破损,禁止使用破损的充电线;检查充电接口及充电插头有无水或其他杂物,有无生锈或受到腐蚀,如果有水或发生锈蚀,不要充电,以免引起短路或触电,甚至引起人员伤亡。

(2)车辆或车载充电机出现电火花时,禁止触摸车辆和任何器件,否则将会受到电击,引起人身伤亡。

(3)车辆充电时的环境温度建议在 0～35℃ 之间,避免在低温或高温环境下充电(建议冬季在中午,夏季在早晚)。夏天避免在太阳直射等高温环境下充电。

(4)供电电源设备、待充电车辆、充电电缆和充电插头应远离雨、雪、积水,不得靠近火源。

(5)充电过程中,确保充电线缆处于自然伸长状态,请勿悬挂在空中。禁止挤压充电线缆,禁止将充电线缆放在车内。

(6)若发现车辆出现特殊气味或烟,应立即安全地切断供电电源。禁止用潮湿的手及站在有水、液体、雪的地方插拔充电插头,否则将容易发生电击危险,引起人员伤亡。

(7)拔下充电插头时,应握住插头绝缘部分操作,禁止直接拖、拽充电线缆。

(8)禁止私自拆卸或改装充电接口。禁止同时插入慢充充电插头和快充充电插头。禁止触摸充电接口、充电插头的金属部分。

(9)禁止私自延长、改装充电线缆或插头,否则将容易发生危险。

(10)由于快充插头较重,应尽可能小心地垂直插拔,防止引起车辆或充电设备损坏。快充时,如误触碰快充插头按钮,可能导致停止充电,需拔出充电插头,重新充电。

(11)为增加动力蓄电池使用寿命和确保安全,停车后应即时充电,避免电量耗尽后才充电。气温在 0℃ 以下时,为缩短充电时间,应停车后立即充电。车辆长时间(1个月以上)放置时,应保证动力蓄电池电量在 50%～60%,同时断开 12V 铅酸蓄电池负极。

7. 处理静电放电敏感部件的注意事项

静电放电(ESD)会损坏很多固态电气部件,易受静电放电影响的部件不一定都标注了静电放电符号,应小心处理所有电气部件。

（1）在安装与调试任何电子部件前，先触摸金属搭铁点，以放出身体中的静电（尤其是与车辆座椅接触后）。

（2）切勿触摸裸露的端子，端子可能连接至易被静电放电损坏的电路。接触连接器时，切勿使工具接触裸露的端子。

（3）不得将部件从保护性壳体中拆下，除非有特殊说明。

（4）避免部件或连接器跨接或搭铁。

（5）将测试设备探针连接至部件或连接器，使用测试探针时，先连接搭铁引线。

（6）在打开部件的保护性壳体之前，先将其搭铁，不得将固态部件放在金属工作台上或者电视机、收音机及其他电气设备的顶部。

8. 纯电动汽车电气系统安装与调试安全注意事项

整车电气元件安装完成后，在连接系统回路之前，需先确认各零部件或者关联部件之间的安全性以及可靠性。

（1）先调试低压系统，再调试高压系统。

①动力蓄电池属于高压带电零部件，动力蓄电池包应最后上车。

②所有电气零部件装车前应做好插头、线束防护，避免在装车过程中受到损坏。

③装车过程中，操作人员必须穿戴防护设备，如：绝缘地毯、绝缘手套、防护眼镜、绝缘工具等。

④所有电气零部件装配完毕后，禁止进行零部件之间的回路连接。

⑤连接前需要对各零部件进行逐项测试，装配后如图1-1-11、图1-1-12中圈出部分应该处于断开状态，低压调试好后才能逐个连接。

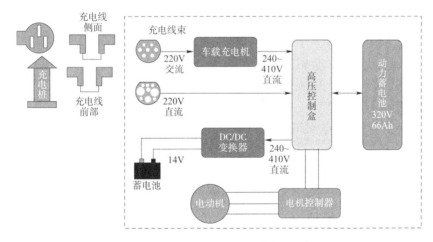

图1-1-11　纯电动汽车电气零部件装配示意图

（2）调试安全注意事项。

①单系统调试完成后，需要进行整车的调试，这时低压会与高压同时存在，需要特别注意电气安全问题。尤其是高压的安全。

②高压接插件虚接问题：高压接插件出现虚接，会导致接插件位置温升过高，接插件失效后容易形成断路，导致烧坏熔断器或继电器，甚至出现蓄电池爆炸、起火等事故。

③高压漏电问题:电动汽车中规定了必须使用绝缘检测装置,是为了电动汽车对外部人员的安全设计要求,漏电容易产生电击或相关部件的损坏等。电动汽车调试期间需要确认绝缘检测功能完好(建议定时使用插件电阻进行绝缘测试)。

④驱动轮悬空:调试初期,整车级别的测试未完成前,上电操作必须让驱动轮悬空,避免整车控制器(VCU)或电机控制器(MCU)失效,自行进入运行模式。

⑤防水:电动汽车必须经过严格的防水试验,因为日常驾驶中可能出现雨天情况,应重点关注:电池箱盖子密封,控制器的密封防水、高压接插件的防水,低压系统的防水等。防水不好容易产生断路或漏电。

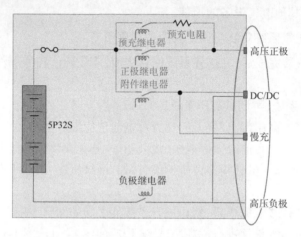

图 1-1-12　纯电动汽车电气零部件装配电路图

(3)对未激活的驱动系统进行操作时:

①必须设置隔离带,非相关人员禁止进入或围观。

②操作时必须关闭驱动系统。

③确保驱动系统不会被重新激活。

④检查确保高压监测点电压为0。

⑤断开高压断路器(HVD)。

(4)车辆下线后高低压静态检测及调试。

①检测低压辅件是否正常工作。

②对整车的高压用电器及高压线束进行绝缘检测。

③检测动力蓄电池与仪表(自制或配套仪表)通信是否正常,仪表上显示的相关信息是否正确。

④检测驱动系统与仪表的通信是否正常,相应的信息是否正确。

⑤对高压辅件进行检测与调试:例如高压配电箱、DC/DC是否按设计逻辑进行工作等。

⑥对上述检测过程中出现的问题进行记录并整改反馈。

评价反馈

考核内容与评分标准见表1-1-3。

考核内容与评分标准 表1-1-3

考核项目	考核内容	评分标准	分数	小组互评	教师评价	得分
理论考核（60%）	采用笔试形式，在每个任务结束时实施，考核内容是结构与原理、安装与调试等	选择题30%；判断题30%；填空题20%；简答题20%	60	—		
实操考核（40%） 过程考核（20%）	团队合作、活动参与	是否和谐	2			
	安全规范操作	有无安全隐患	2			
	现场8S（整理、整顿、清理、清扫、安全、服务、素养、节约）	是否做到	2			
	制订安装与调试作业实施计划	方案是否正确、合理	2			
	操作过程	1.学生8人一组，在汽车电气学习训练区完成实训任务，教师及小组互检评分；2.每人撰写实训报告并在小组进行交流，根据在小组活动中的表现进行小组互评	12			
结果考核（20%）	任务完成情况	是否圆满完成	10			
	工具、设备使用	是否规范、标准	5			
	劳动纪律	是否能严格遵守	3			
	工作页填写	是否完整、规范	2			
合计	教师签名：	年　月　日				

任务2　电动汽车电气线路图的识读

学习目标

完成本学习任务后，你应当能够：
1. 叙述电动汽车电气设备布线原则；
2. 认识电气常用图形符号，区分导线与电线颜色；
3. 运用正确的方法和步骤识读电动汽车电路图；
4. 在教师指导下，分析典型电动汽车整车电路图。

📖 **任务书**

实训任务单见表1-2-1。

实 训 任 务 单　　　　　　　　　　　表1-2-1

专业班组		班长		日期	
实训任务		电动汽车电气线路图的识读			
检查意见：					
签字：					

📖 **任务分组**

学生任务分配见表1-2-2。

学生任务分配表　　　　　　　　　　　表1-2-2

班级		组号		指导老师	
组长		学号			
组员	姓名		学号	姓名	学号
任务分工					

📖 **获取信息**

❓ **引导问题1**：图形符号是电气技术领域中最基本的工程语言，它分为哪几种？

_____
_____

❓ **引导问题2**：汽车线路导线分为几种？各有什么特点？

_____
_____

小提示1：

1. 电动汽车电气设备布线原则

(1) 布线按照汽车电气设备安装工艺流程和布线图进行，走向要清楚，将露在外面的线束与插接器编号，以方便查找；将同路的各导线用棉纱编织或用聚氯乙烯塑料带包扎成束，将导线包裹在用塑料制成开口的软管中，以便于检修；车内高压线缆都用橙黄色波纹管包裹。

(2) 电动汽车整车电气布局中，高压的布局设计应当考虑避免热源、驾驶舱、人体容易触碰的地方，以保证安全。

(3) 纯电动汽车高压动力蓄电池额定电压为300～380V DC，安装时切勿在高压电未断开的情况下裸手触碰高压部件。

(4) 汽车电气线路一般采用单线制，而以汽车金属机体作为另一根导线；但现代汽车上也有一些部位没有与汽车金属机体相连，这些地方必须采用双线制。

(5) 电源开关是线路的总枢纽，电源开关的一端和电源(蓄电池、交流发电机)相连，另一端分别接启动开关和用电设备。

(6) 蓄电池和交流发电机的搭铁极必须一致。

(7) 汽车用电设备与蓄电池一般采用并联。

(8) 电动汽车的电子控制器越来越多，线路也越来越复杂，为便于通信和数据共享，现多采用CAN数据总线系统。

2. 电气常用图形符号认识

汽车电路图是利用图形符号和文字符号，表示汽车电路构成、连接关系和工作原理，而不考虑其实际安装位置的一种简图。为了使电路图具有通用性，便于进行技术交流，构成电路图的图形符号和文字符号不是随意的，而是有统一的国家标准和国际标准。要看懂电路图，必须了解图形符号和文字符号的含义、标注原则和使用方法。

图形符号是用于电气图或其他文件中的表示项目或概念的一种图形、标记或字符，是电气技术领域中最基本的工程语言。因此，需要掌握和熟练的运用。图形符号分为基本符号、一般符号和明细符号三种。常用的汽车电路元器件符号见表1-2-3。

汽车常用的电路元器件符号　　表1-2-3

名　称	图形符号	名　称	图形符号	名　称	图形符号
一、常用基本符号					
直流	—	负极	-	搭铁	⊥
交流	∼	中性点	N	交流发电机输出接柱	B
交直流	≂	磁场	F	磁场二极管输出端	D_+
正极	+				
二、导线端子和导线连接					
接点	•	导线的连接	—○—	导线的交叉连接	✦
端子	○	导线的分支连接	⊥	插座的一个极	—⊂

续上表

名　称	图形符号	名　称	图形符号	名　称	图形符号
插头的一个极		多极插头和插座（示出的为三极）		断开的连接片	
插头和插座		接通的连接片		屏蔽导线	
三、触点开关					
动合(常开)触电		钥匙操作		旋转、旋钮开关	
动断(常闭)触电		热执行器操作		液位控制开关	
先断后合的触电		温度控制	t	机油滤清器报警开关	OP
中间断开的双向触点		压力控制	p	热敏开关动合触点	t°
双动合触点		制动压力控制	BP	热敏开关动断触点	t°
双动断触点		液位控制		热敏自动开关的动断触点	
单动断双动合触点		凸轮控制		热继电器触点	
双动断单动合触点		联动开关		旋转多挡开关位置	1　2　3
一般情况下手动控制		手动开关的一般符号		推拉多挡开关位置	1　2　3
拉拨操作		定位开关（非自动复位）		钥匙开关（全部定位）	1　2　3
旋转操作		按钮开关		多挡开关、点火、起动开关，瞬时位置为2能自动返回到1（即2挡不能定位）	1　2　1　0.1
推动操作		能定位的按钮开关			
一般机械操作		拉拨开关		节流阀开关	

续上表

名　　称	图形符号	名　　称	图形符号	名　　称	图形符号
四、电器元件					
电阻器		稳压二极管		一个绕组电磁铁	
可变电阻器		发光二极管			
压敏电阻器		双向二极管（变阻二极管）		两个绕组电磁铁	
热敏电阻器		三级晶体闸流管			
滑线式变阻器		光电二极管		电容器	
分路器		PNP型三极管		可变电容器	
滑动触点电位器		集电极接管壳三极管（NPN）		触点常开的继电器	
仪表照明调光电阻器		带铁芯的电感器		具有两个电极的压电晶体	
光敏电阻		熔断器		电感器、线圈、绕组、扼流圈	
加热元件、电热塞		易熔线		触点常闭的继电器	
极性电容器		电路断电器		不同方向绕组电磁铁	
穿心电容器		永久磁铁			
半导体二极管一般符号		操作器件一般符号			
五、仪　　表					
指示仪表	*	电压、电流表	A/V	油压表	OP
电压表	V	欧姆表	Ω	转速表	n
电流表	A	瓦特表	W	温度表	t*

续上表

名　称	图形符号	名　称	图形符号	名　称	图形符号
燃油表	Q	电钟	⌚	数字式电钟	🕐
车速里程表	V				
六、传　感　器					
传感器的一般符号	*	油压表传感器	OP	转速传感器	n
温度传感器	t*	空气质量传感器	m	速度传感器	V
空气温度传感器	t*n	空气流量传感器	AF	空气压力传感器	AP
冷却液温度传感器	t*w	氧传感器	λ	制动压力传感器	BP
燃油传感器	Q	爆震传感器	K		
七、电　气　设　备					
照明灯、信号灯、仪表灯、指示灯	⊗	稳压器	U const	报警器、电警笛	⇧
双丝灯	⊗⊗	点烟器		信号发生器	G
荧光灯	─⊗─	集电环或换向器上的电刷		脉冲发生器	G
组合灯		直流电动机	M	闪光灯	G
预热指示器		串激直流电动机	M	霍尔信号发生器	
电喇叭		并激直流电动机	M	磁感应信号发生器	
变换器、转换器		永磁直流电动机	M	温度补偿器	t* comp
光电发生器	G	起动机（带电磁开头）	M	电磁阀一般符号	
空气调节器		扬声器		常开电磁阀	
滤波器	∿	蜂鸣器		常闭电磁阀	

续上表

名称	图形符号	名称	图形符号	名称	图形符号
电磁离合器		天线电话		风扇电动机	
用电动机操纵的怠速调整装置		收放机		刮水电动机	
过电压保护装置	U>	点火线圈		电动天线	
过电流保护装置	I>	分电器		直流伺服电动机	SM
加热器(除霜器)		火花塞		直流发电机	G
振荡器		电压调节器	U	星形连接的三相绕组	
热继电器		转速调节器	n	三角形连接的三相绕组	
间歇刮水继电器		温度调节器	t*	定子绕组为星形连接的交流发电机	
防盗报警系统		串激绕组		定子绕组为三角形连接的交流发电机	
天线一般符号	Y	并激或他激绕组		外接电压调节器与交流发电机	
发射机		燃油泵电动机、洗涤电动机	M	整体式交流发电机	
收放机		晶体管电动汽油泵		蓄电池	
内部通信联络及音乐系统		加热定时器	HT	蓄电池组	
收放机		点火电子组件	IC		

1) 基本符号

基本符号不能单独使用,不表示独立的元器件,只说明电路的某些特征。如:"—"表示直流,"~"表示交流,"+"表示电源的正极,"-"表示电源的负极,"N"表示中性线。

2) 一般符号

一般符号用以表示一类产品和此类产品特征的一种简单符号。如:表示指示仪表的一般符号,表示传感器的一般符号。一般符号广义上代表各类元器件,另外,也可以表示没有附加信息或功能的具体元件,如:一般电阻、电容等。

3)明细符号

明细符号表示某一种具体的元器件。它是由基本符号、一般符号、物理量符号、文字符号等组合派生出来的。如:⊛是指示仪表的一般符号,当要表示电流、电压的种类和特点时,将"*"处换成"A""V",就成为明细符号。Ⓐ表示电流表,Ⓥ表示电压表。

3. 导线与电线颜色区分

汽车线路导线分为低压线与高压线两种。低压线又有普通线、启动电缆和蓄电池搭铁电缆之分;高压线又有铜芯线与阻尼线之分。汽车导线主要根据导线的绝缘、通过电流的大小和机械强度三个方面的要求进行选择。

1)低压导线

(1)普通导线。普通低压导线为铜质多丝软线,根据外皮绝缘包层的材料不同分为QVR型和QFR型两种。普通导线的横截面积主要根据用电设备的工作电流进行选择。然而,对功率很小的设备而言,如果仅从工作电流的大小来进行选择导线,那么由于其截面积小、机械强度低,导线就很容易折断,因此汽车电系中所用的导线截面积最小不得小于$0.5mm^2$。汽车低压导线的结构与规格见表1-2-4,其允许载流量见表1-2-5,汽车12V电系主要电路导线横截面积的推荐值见表1-2-6。

汽车用低压导线的结构与规格　　　　表1-2-4

标称横截面积(mm^2)	线 芯 结 构		绝缘层标称厚度(mm)	电线最大外径(mm)
	根数	单根直径(mm^2)		
0.5	—	—	0.6	2.2
0.6	—	—	0.6	2.3
0.8	7	0.39	0.6	3.5
1.0	7	0.43	0.6	2.6
1.5	17	0.52	0.6	2.9
2.5	19	0.41	0.8	3.8
4	19	0.52	0.8	4.4
6	19	0.64	0.9	5.2
8	19	0.74	0.9	5.7
10	49	0.52	1.0	6.9
16	49	0.64	1.0	8.0
25	98	0.58	1.2	10.3
35	133	0.58	1.2	11.3
50	133	0.68	1.4	13.3

低压导线标称横截面积允许负载电流值　　　　表1-2-5

导线标称横截面积(mm^2)	0.5	0.8	1.0	1.5	2.5	3.0	4.0	6.0	10	13
允许载流量(A)	—	—	11	14	20	22	25	35	50	60

12V 汽车电系主要电路导线横截面积推荐值　　　　表 1-2-6

标称横截面积(mm^2)	用　　途
0.5	尾灯、顶灯、指示灯、仪表灯、牌照灯、燃油表、冷却液温度表等电路
0.8	转向灯、制动灯、停车灯、分电器等电路
1.0	前照灯、电喇叭(3A 以下)电路
1.5	前照灯、电喇叭(3A 以上)电路
1.5~4.0	其他 5A 以上的电路
4~6	电源电路
6~25	起动电路

起动线路导线横截面还受通过电路的电压降制约。整车电路的电压降最大允许阻值为 0.8V。当发电机以额定负载工作时,电源线的电压降最大允许值为 0.3V。当起动机通过制动电流时,电压降的最大允许值为 0.5V。

这是因为导线横截面积小时,导线电阻将增大,温度将升高。电阻增大会使电压降增大,可能导致用电设备供电电压不足而无法正常工作。温度升高会加速导线老化,缩短其使用寿命;温度过高还有可能导致火灾。随着汽车电器增多,导线数量也不断增加。为了便于维修,低压导线常以不同颜色来区分。其中,横截面积在 $4mm^2$ 以上的采用单色,而 $4mm^2$ 以下的采用双线,搭铁均为黑色。汽车低压导线的颜色与代码见表 1-2-7。汽车电气各系统导线的主色见表 1-2-8。

汽车用低压导线的颜色与代号　　　　表 1-2-7

导线颜色	黑	白	红	绿	黄	棕	蓝	灰	橙
代号	B	W	R	G	Y	Br	BL	Gr	O

汽车电气各系统导线的主色　　　　表 1-2-8

序号	系统或部件名称	主　色	颜色代码
1	电源系统	红	R
2	起动、点火系统	白	W
3	雾灯	蓝	BL
4	灯光、信号系统	绿	G
5	车身内部照明系统	黄	Y
6	仪表、报警系统、喇叭系统	棕	Br
7	收音机、石英钟、点烟器等辅助电气系统	紫	V
8	各种辅助电动机及操纵系统	灰	Gr
9	搭铁线	黑	B

在全车线路中,导线一般都标注数字和字母符号,用来表示导线的横截面积和颜色。如 2.5RY、1.0RW 等,其中数字 2.5、1.0 表示导线横截面积,单位为平方毫米(mm^2);第一个字母 R 表示导线主色,第二个字母 Y 或 W 表示导线的辅助颜色,即轴向条纹状或螺旋状的颜色。

(2)起动电缆。是指连接蓄电池正极与起动机电源端子之间的电缆,其横截面积有 $25mm^2$、$35mm^2$、$50mm^2$、$70mm^2$ 等多种规格,允许电流高达 500A 乃至 1000A 以上。为了保证起动机正常工作并产生足够的驱动力矩,要求起动线路上每 100A 电流产生的电压降不得超过 0.15V。

(3)搭铁电缆。蓄电池搭铁电缆俗称搭铁线,是由铜丝编织成的扁形软铜线。国产汽车常用搭铁线长度有300mm、450mm、600mm、760mm四种。

2)高压导线

高压导线用来传送高压,由于工作电压很高(一般都在10kV以上)、电流强度较小,因此高压导线的绝缘包层很厚、线芯截面积很小,但耐压性能很好。国产汽车用高压导线有铜芯线与阻尼线两种。其型号与规格见表1-2-9。

高压点火线的型号与规格 表1-2-9

型号	名称	线芯结构		标称外径(mm)
		根数	单根直径(mm²)	
QGV	铜芯聚氯乙烯绝缘高压点火线	7	0.39	6.7~7.3
QGXV	铜路橡皮绝缘聚氯乙烯护套高压点火线	7	0.39	6.7~7.3
QGX	铜路橡皮绝缘聚氯乙烯护套高压点火线	7	0.39	6.7~7.3
QG	全塑料高压阻尼点火线	1	2.3	6.7~7.3

❓ 引导问题3:汽车电路图布局的一般规律有哪些?

❓ 引导问题4:如何快速、准确地读懂汽车电路图?

💡 **小提示2**:

汽车电路图一般都以原理图来表达,采用国家标准和汽车制造厂家规定的专门符号来表示电路元件的连接。电路图根据汽车各用电设备功能的不同概括起来主要有电源回路原理图、点火回路原理图、起动回路原理图、照明与信号回路原理图、指示与报警回路和其他辅助回路。

1. 汽车电路图的一般规律

(1)电源部分到各电器熔断器或开关的导线是电气设备的公共火线,在电路原理图中一般画在电路图的上部。

(2)标准画法的电路图,开关的触点位于零位或静态,即开关处于断开状态或继电器线圈处于不通电状态,晶体管、晶闸管等具有开关特性的元件的导通与截止视具体情况而定。

电路图的识图方法

(3)汽车电路是单线制,各电器相互并联,继电器和开关串联在电路中。

(4)大部分用电设备都经过熔断器,受熔断器的保护。

(5)把整车电路按功能及工作原理划分成若干独立的系统,这样可解决整车电路庞大复杂,分析困难的问题。现在汽车整车电路一般都按各个系统来绘制,如电源系统、起动系统、点火系统、照明系统、信号系统等,这些单元电路都有它们自身的特点,抓住特点并把各个单元电路的结构、原理搞清楚,理解整车电路也就容易了。

2. 对整车电路图识读方法和步骤

(1)对整车电路图进行分解。从整车电路图中划分出各系统的电路图,只要掌握了单个系统的工作原理,就能按照系统的工作过程,查找线路的走向。

(2)要以电控系统(ECU)为中心,找出系统给 ECU 供电的电源线有哪些,各区接脚排列规律。找出哪些线与传感器相连、哪些线与执行器相连。

(3)认真阅读图注。对照图注熟悉元器件的名称、位置等。通过阅读可以帮助读者尽快了解该汽车上安装了哪些电器装置,再通过电器装置间的线路走向,就可掌握元器件的控制关系。

(4)熟悉线路的配线和颜色标记。由于电路中线路的走向是按照一定规律进行布置的,因此,在电路图中也会将电路走向按照不同的配线装置进行划分,在分析时,一定要先阅读各系统的配线说明。另外,对于配线颜色也要有所了解,特别是要记住各种颜色字母标记。

(5)熟记回路原则。汽车电路中电流流向必定是从电源正极出发,经熔断器、开关、导线等到达用电设备,通过导线搭铁回到电源负极,就构成一个完整的回路。

(6)熟悉控制元器件的作用。特别是开关的控制,首先要了解它在电路图中的状态和各位置的功能;其次,要掌握电源是通过什么路径到达该开关,各个接线柱分别与哪些元器件连接;同时要知道在不同的挡位时,有哪些接线柱可以通电、哪些接线柱不能通电。开关是控制电路通断的关键,电路中主要的开关往往汇集许多导线,如点火开关、车灯总开关。

(7)了解继电器的作用。现代汽车电路中经常采用各种继电器对一些复杂电路进行控制。可以把含有线圈和触点的继电器,看成是由线圈工作的控制电路和触点工作的主电路两部分。主电路中的触点只有在线圈电路中有工作电流流过后才能动作。电路图中所画继电器线圈处于失电状态,了解继电器的工作状态,特别是一些电子继电器的工作状态,对分析电路会大有帮助。

(8)通过解剖典型电路,达到触类旁通。许多车型的局部电路都是相同或相近的,只要剖析几个典型电路,掌握其共同特点和原则,就能了解许多其他车型电路。

3. 电路图识读注意事项

(1)读电源系统电路时应从电源开始,先找到蓄电池、发电机及电压调节器。发电机励磁电路是受点火开关控制的。

(2)查找启动电路必须先找到点火开关、启动继电器及电源开关的控制电路。

(3)查找点火电路时,先找点火控制器、点火线圈、点火开关及火花塞。

(4)查找照明电路时,先找车灯控制开关、变光器、前照灯、示廓灯及各种照明灯。

(5)查找信号控制电路时,由于信号装置属于随时使用的短暂工作设备,一般应是接在经常有电的导线上,且仅受一个开关控制,以免影响信号和发出。

(6)查找仪表电路时,先找组合仪表、点火开关、仪表传感器及仪表电源稳压器。

(7)查找辅助装置控制电路时,应首先熟悉辅助装置图形符号、有关控制开关及其功能,而后按照从电源熔断器控制开关到用电设备的顺序进行。

(8)注意电源的搭铁极性,各搭铁均相通。各用电器之间是相互并联的。电流从电源正极→熔断丝→导线→开关→用电器→搭铁(电源负极),从而形成回路。

任务实施

引导问题 5:图 1-2-1 所示电动汽车电气系统由哪几部分组成?分析该电路图由几个回路组成?

引导问题 6:图 1-2-2 所示汽车电路图中有哪些电路图形符号?请列出。

引导问题 7:对照图 1-2-3 分析某车型电动车窗电路图共有几个控制回路组成。各回路控制的对象是什么?

引导问题 8:对照图 1-2-4 分析该汽车室内熔断丝、继电器的名称、用途,以及熔断丝最大额定电流是多少。室内熔断丝参数见表 1-2-10,继电器参数见表 1-2-11。

引导问题 9:对照图 1-2-5 说明分线盒熔断丝内部线路有什么特点。各个分线盒熔断丝分别控制哪个用电器?分线盒熔断丝名称及参数见表 1-2-12。

引导问题 10:对照图 1-2-6 说明汽车前舱线束布线原则有哪些。动力线束连接说明见表 1-2-13。

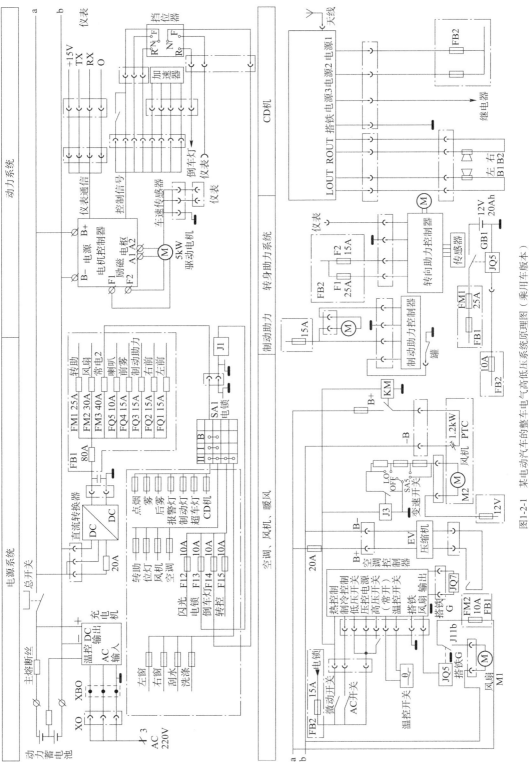

图1-2-1 某电动汽车的整车电气高低压系统原理图（乘用车版本）

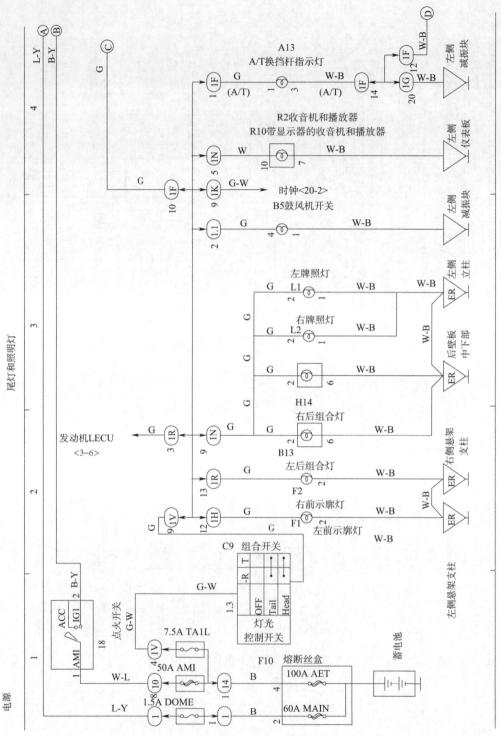

图1-2-2 某车型尾灯和照明灯电路图

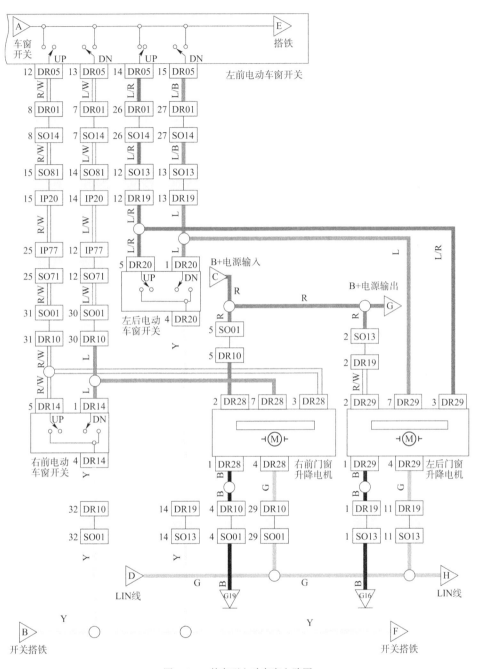

图 1-2-3 某车型电动车窗电路图

IP20-接底板线束连接器左 2；IP77-接底板线束连接器（右）；SO01-接右前门线束连接器 1；SO13-接左后门线束连接器；SO14-接左前门线束连接器 1；SO71-接仪表线束线束连接器 2；SO81-接仪表线束连接器 2；DR01-接底板线束连接器 1；DR05-电动窗+后视镜开关线束连接器；DR10-接底板线束连接器 1；DR14-电动窗开关线束连接器；DR19-接底板线束 1；DR20-电动窗开关线束连接器；DR28-乘客侧门窗升降电机 1 线束连接器；DR29-左后门门窗升降电机 1 线束连接器；G16-底板线束搭铁；G19-底板线束搭铁；A-车窗开关；E-搭铁；C-B+电源输入；G-B+电源输出；D-LIN 线；H-LIN 线；B-开关搭铁；F-开关搭铁

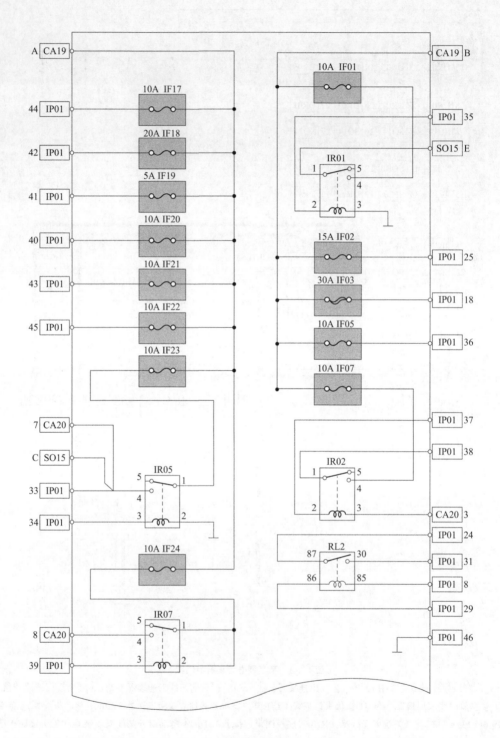

图 1-2-4

电动汽车电气系统结构认知和电路图的识读　项目一

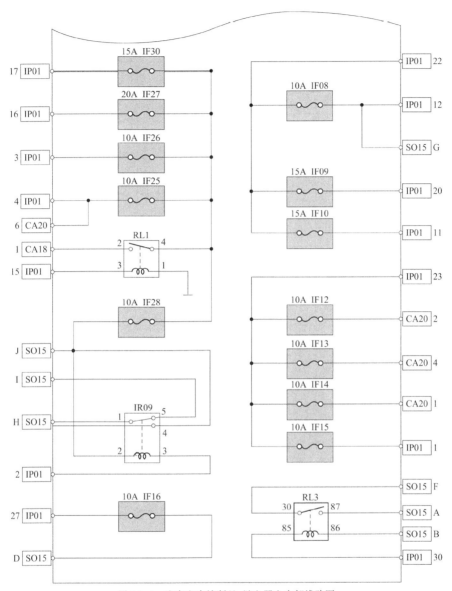

图 1-2-4　汽车室内熔断丝、继电器盒内部线路图
(熔断丝、继电器名称见表 1-2-10、表 1-2-11)

室内熔断丝列表说明　　　　　　　　　　　　　　　　　　　　　　　表 1-2-10

编　号	名　　称	额定电流(A)
IF01	后雾灯熔断丝	10
IF02	收放机熔断丝	15
IF03	天窗熔断丝	30
IF05	防盗系统熔断丝	10
IF07	—	—

29

续上表

编　号	名　　称	额定电流(A)
IF08	ACC 熔断丝	10
IF09	—	—
IF10	点烟器熔断丝	15
IF12	VCU 熔断丝	10
IF13	ABS/ESC IG2 熔断丝	10
IF14	倒车灯熔断丝	10
IF15	安全气囊 IG2 熔断丝	10
IF16	后除霜熔断丝	10
IF17	危险警告灯/转向灯熔断丝	10
IF18	门锁熔断丝	20
IF19	室内灯熔断丝	5
IF20	制动灯熔断丝	10
IF21	诊断接口熔断丝	10
IF22	前照灯熔断丝	10
IF23	位置灯熔断丝	10
IF24	喇叭熔断丝	10
IF25	组合仪表 IG1 熔断丝	10
IF26	BCM IG1 熔断丝	10
IF27	前刮水器熔断丝	20
IF28	—	—
IF30	EPB 模块熔断丝	15

室内继电器列表　　　　　　　　　　　　　　　表 1-2-11

编　号	名　　称	说　　明
IR01	后雾灯继电器	印刷电路板(PCB)
IR05	位置灯继电器	印刷电路板(PCB)
IR07	喇叭继电器	印刷电路板(PCB)
RL1	IG1 继电器	熔断丝盒正面
RL2	ACC 电源继电器	熔断丝盒正面

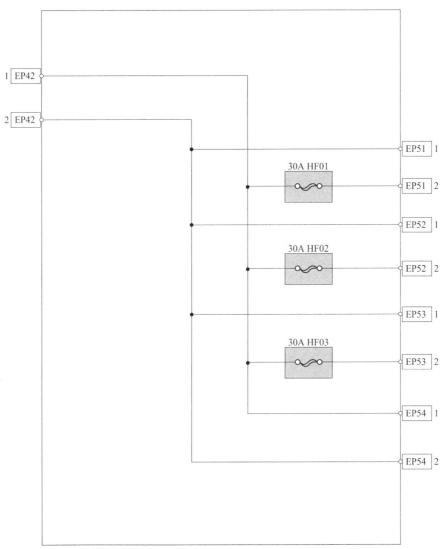

图 1-2-5　分线盒熔断丝内部线路图(分线盒熔断丝名称见表 1-2-12)

分线盒熔断丝列表　　　　　　　　　　　　　　　　表 1-2-12

编　号	名　　称	额定电流(A)	说　明
HF01	车载充电机熔断丝	30	高压
HF02	空调压缩机熔断丝	30	高压
HF03	加热器熔断丝	30	高压

❓ **引导问题 11**:在图 1-2-7 汽车前照灯电路图中,控制电路由哪几部分组成？组合开关控制电路由哪些组成？分析其控制过程。

_____

_____

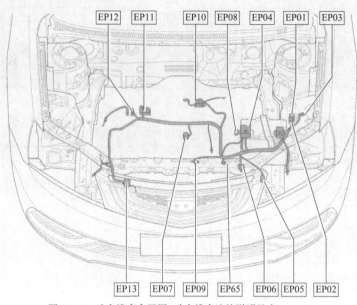

图 1-2-6　动力线束布置图(动力线束连接说明见表 1-2-13)

动力线束连接说明　　　　　　　　　　　　　　表 1-2-13

线束连接器	名　　称
EP01	接前机舱熔断丝继电器盒线束连接器
EP02	接前机舱线束连接器 2
EP03	接前机舱熔断丝继电器盒(接线片 1)
EP04	蓄电池正极线束连接器
EP05	真空泵线束连接器
EP06	减速器控制器线束连接器
EP07	压缩机控制器线束连接器
EP08	高压互锁-分线盒线束连接器
EP09	冷却液泵线束连接器
EP10	充电机 OBC 线束连接器
EP11	电机控制器线束连接器
EP12	DC 输出 + 线束连接器
EP13	电机线束连接器
EP65	车速传感器线束连接器

引导问题 12：在图 1-2-8 汽车转向信号和危险警告灯电路图中,汽车转向信号开关是如何控制左转和右转信号的？电路中变光开关是如何控制远光和近光变换的？

电动汽车电气系统结构认知和电路图的识读　项目一

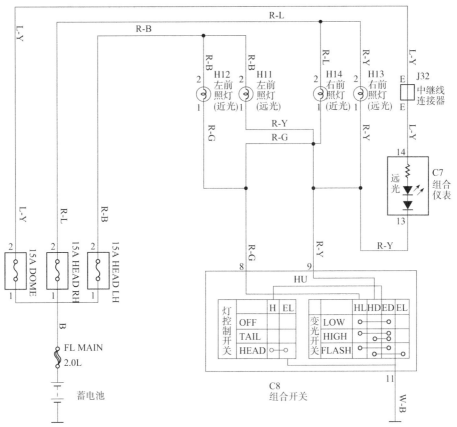

图 1-2-7　汽车前照灯电路图

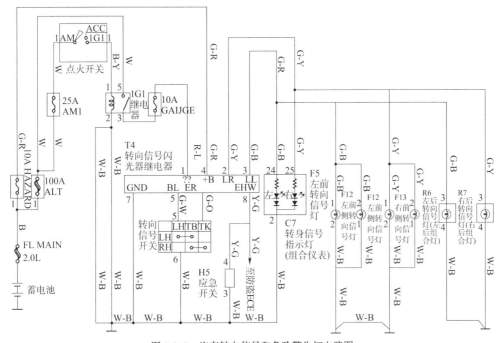

图 1-2-8　汽车转向信号和危险警告灯电路图

33

评价反馈

考核内容与评价标准见表1-2-14。

考核内容与评分标准　　　　　　　　　　　　　　　　表1-2-14

考核项目		考核内容	评分标准	分数	小组互评	教师评价	得分
理论考核（60%）		采用笔试形式,在每个任务结束时实施,考核内容是结构与原理、安装与调试等	选择题30%；判断题30%；填空题20%；简答题20%	60	—		
实操考核（40%）	过程考核（20%）	团队合作、活动参与	是否和谐	2			
		安全规范操作	有无安全隐患	2			
		现场8S（整理、整顿、清理、清扫、安全、服务、素养、节约）	是否做到	2			
		制订安装与调试作业实施计划	方案是否正确、合理	2			
		操作过程	1.学生8人一组,在电气学习训练区完成实训任务,教师及小组互检评分。2.每人撰写实训报告并在小组进行交流,根据在小组活动中的表现进行小组互评	12			
	结果考核（20%）	任务完成情况	是否圆满完成	10			
		工具、设备使用	是否规范、标准	5			
		劳动纪律	是否能严格遵守	3			
		工作页填写	是否完整、规范	2			
合计		教师签名：	年　月　日				

项目二 电动汽车动力蓄电池系统的安装与调试

任务1 动力蓄电池系统的认知

学习目标

完成本学习任务后,你应当能够:
1. 叙述电动汽车动力蓄电池的作用和类型;
2. 描述磷酸铁锂蓄电池和三元锂电池的特点;
3. 描述电动汽车电池管理系统的功能;
4. 叙述电动汽车动力蓄电池系统的组成。

任务书

实训任务单见表2-1-1。

实 训 任 务 单　　　　　　　　　　　　表2-1-1

专业班组		班长		日期	
实训任务	动力蓄电池系统的认知				
检查意见:					
签字:					

任务分组

学生任务分配见表2-1-2。

学生任务分配表   表2-1-2

班级		组号		指导老师	
组长		学号			
组员	姓名		学号	姓名	学号
任务分工					

获取信息

引导问题1：电动汽车动力蓄电池的作用是什么？动力蓄电池是怎样分类的？

_____

_____

小提示1：

1. 动力蓄电池的作用

动力蓄电池是纯电动汽车的核心部件，也是电动汽车上价格最高的部件之一。动力蓄电池的性能好坏直接决定了这辆车的实际价值。

图 2-1-1　电动汽车动力蓄电池

动力蓄电池具有接收和储存由车载充电机、发电机、制动能量回收装置或外置充电装置提供的高压直流电的功能，并且为电动汽车提供高压直流电，如图 2-1-1 所示。

动力蓄电池系统作为电动汽车的能量源，除了储存驱动所用电能和为整车提供持续稳定的能量外，还承担以下功能：

(1) 控制最佳行驶蓄电池特性。
(2) 确保蓄电池的安全性、可靠性。

2. 动力蓄电池的分类

电动汽车动力蓄电池的种类繁多，分类的方法也有很多种。动力蓄电池按其原理划分，主要可分为生物电池、物理电池和化学电池三大类。

化学电池是生活中使用最多的电池。它是将化学反应产生的能量直接转换为电能的装置，也称化学电源。化学电池分类见表2-1-3。

动力蓄电池分类

化学电池的种类　　　　　　　　　表 2-1-3

分类方式	电池名称	常见电池
电解液性质	酸性蓄电池	铅酸蓄电池
	碱性蓄电池	锌锰蓄电池、镍镉蓄电池和镍氢蓄电池
	中性蓄电池	电动汽车上很少使用
	有机电解液蓄电池	锂离子蓄电池
正、负极材料	锌系列蓄电池	—
	镍系列蓄电池	—
	铅系列蓄电池	—
	锂系列蓄电池	锂离子蓄电池、锂聚合物蓄电池和磷酸铁锂蓄电池
电池功能	一次电池	
	二次电池	电动汽车上使用最多
	燃料电池	—
	储备电池	—

一次电池,又称原电池,即不能再充电的电池。

二次电池,即可重复进行充电、放电使用的电池。目前,电动汽车多使用该类动力蓄电池,如镍氢蓄电池和锂离子蓄电池。

燃料电池,又称连续电池。只要活性物质连续地注入电池,就能长期不断地进行放电的一类电池。

储备电池,又称激活电池。正、负极活性物质和电解液不直接接触,使用前临时注入电解液或用其他方法使电池激活的电池。

引导问题 2:哪些是电动汽车常用的动力蓄电池?请举例。

_____

_____

小提示 2:

目前,电动汽车上最常用的动力蓄电池是镍氢蓄电池和锂离子蓄电池。纯电动汽车和插电式混合动力电动汽车使用的多数是锂离子蓄电池,而混合动力电动汽车多数使用的是镍氢蓄电池。

1. 镍氢蓄电池

镍氢蓄电池的正极活性物质是氢氧化亚镍,正极基材是泡沫镍;负极活性物质是稀土系贮氢合金粉,负极基材是钢带;隔膜是尼龙或经过处理的聚乙烯、聚丙烯材料;电解液是氢氧化钾、氢氧化锂和氢氧化钠组成的一元或多元强碱。镍氢蓄电池技术成熟,特点是具有大电流充放电性能,可以实现快速充放电,满足混合动力电动汽车快速回收能量和起动的需求,在低温性能方面也要优于锂离子蓄电池,尤其是安全性能方面,锂离子蓄电池存在一定比例的着火和爆炸危险性,而镍氢蓄电池不管在任何时候都不会着火和爆炸。

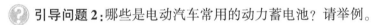
镍氢蓄电池结构

混合动力电动汽车对蓄电池有很多要求,在这些要求中,镍氢蓄电池都具有一定的优势。例如大功率充放电能力、充放电效率、相对稳定性、安全性、环保等。镍氢蓄电池应用在混合动力电动汽车上已经有20年以上的历史,时间检验证明镍氢蓄电池用在混合动力电动汽车上是可行的,也是最好的。目前,市场上混合动力电动汽车用的镍氢蓄电池有两种,一种是1.2V圆柱形D型镍氢蓄电池,另一种是7.2V方形镍氢蓄电池。两种蓄电池都是通过串联形成蓄电池包,作为混合动力电动汽车的动力电源。镍氢蓄电池作为混合动力电动汽车的辅助能源,是混合动力电动汽车的关键零部件。

2. 锂离子蓄电池

锂离子蓄电池凭借能量密度高、循环使用寿命长等特点,迅速占据了电动汽车蓄电池市场的绝大部分份额。电动汽车使用的锂离子蓄电池主要是磷酸铁锂蓄电池和三元锂电池两种。这两种蓄电池的特点存在显著差异。

1)磷酸铁锂蓄电池

磷酸铁锂蓄电池是指用磷酸铁锂作为正极材料的锂离子蓄电池,其特点如下:首先,磷酸铁锂蓄电池具有良好的安全性。当电池内外部结构遭到破坏,也不会发生燃烧或爆炸;其次,循环寿命长,磷酸铁锂蓄电池的循环寿命可

锂电子蓄电池工作原理

达到2000次以上,使用时间可达到7~8年;再次,无记忆效应。镍氢、镍镉蓄电池若经常处于充满电、不放完的条件下工作,容量会迅速低于额定容量值,这种现象叫作记忆效应。磷酸铁锂蓄电池无此现象,蓄电池无论处于什么状态,可随充随用,无须先放完电再充电。除了以上优点,磷酸铁锂蓄电池也存在能量密度相对较低这一缺点,在相同质量下,其续驶里程不及三元锂电池,这也是限制其发展的一个重要因素。磷酸铁锂蓄电池由于其良好的安全性以及循环寿命长的优势,被广泛应用于公共交通工具中,如出租汽车、公交车等。

2)三元锂电池

三元锂电池是指使用镍钴锰酸锂或镍钴铝酸锂作为正极材料的锂离子蓄电池,其特点如下:首先,能量密度高。具有相同质量的三元锂电池的能量密度是磷酸铁锂电池的1.7~2.2倍。其次,低温性能良好。在低温条件下,三元锂电池的容量和能量保持率都比磷酸铁锂蓄电池有优势。再次,体积小。具有相同能量的三元锂电池与磷酸铁锂蓄电池,前者的体积仅为后者的60%左右。除了以上优点,三元锂电池存在安全性能相对较差的缺点,三元锂电池的正极材料在200℃就会发生分解,内部的化学反应会引起电解液材料的剧烈燃烧。近年来,发生了数起由于三元锂电池受到撞击或其他原因导致整车自燃的安全事故。这也让公众对三元锂电池的安全性产生了担忧。

三元锂电池因其能量密度高、体积小等优势,被广泛应用于电动乘用车中。为解决三元锂电池安全性欠佳的问题,人们尝试在蓄电池内部安装阻断结构,设计出功能更为完善的蓄电池热管理系统来检测电池温度,并且在电极材料以及电解液方面进行更深入的研究。

电动汽车动力蓄电池的主要要求包括比功率高(在大电流工况下能平稳放电,提高加速、爬坡性能)、比能量大(延长续驶里程)、循环寿命长、安全可靠、成本低、对使用环境温度要求低、能量转换效率高、对环境污染小等。电动汽车的发展很大程度上取决于动力蓄电池的各项性能。常见车用动力蓄电池的性能比较见表2-1-4。

各类常见车用动力蓄电池的性能比较　　　　　　　　　　　表 2-1-4

类型	单体电池电压（V）	比能量（W·h/kg）	理论循环使用寿命(次)	安全性	优　　点	缺　　点	代表车型
镍氢蓄电池	1.2	100	1000	良	大电流充放电性能好、安全性良好、无污染	比能量低、寿命短	丰田普锐斯
磷酸铁锂蓄电池	3.2	100	2000	好	寿命长、安全性好、充放电倍率高、成本低	能量密度低、振实密度低	比亚迪 E5
三元锂电池	3.8	200	2000	较差	能量密度高、振实密度高	安全性差、耐高温差、大功率放电差	特斯拉 Model 3

❓ **引导问题 3**：电动汽车蓄电池管理系统的功能是什么？

_____

_____

💡 **小提示 3**：

　　蓄电池管理系统(BMS)是连接动力蓄电池和电动汽车的纽带,其精准的控制和管理为动力蓄电池的应用保驾护航,如图 2-1-2 所示。BMS 能够对蓄电池组和单体蓄电池进行电流、电压、容量等参数的数据采集;能够对蓄电池的剩余电量进行估计;能够对充放电过程进行监控和管理;能够进行安全管理,防止蓄电池过度充电或过度放电;能够对蓄电池系统进行热管理,保证各个单体蓄电池温度均衡;能够通过 CAN 总线与车载或非车载设备进行信息通信和数据交换。能够对动力蓄电池的历史故障进行存储,有利于对故障的分析。能够对单体蓄电池间的性能进行均衡,保证系统的正常工作;能够与车辆检测仪器进行通信,以诊断故障,方便对车辆进行维修。

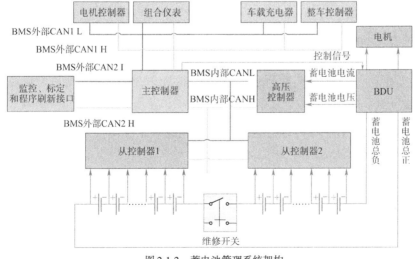

图 2-1-2　蓄电池管理系统架构

蓄电池管理系统工作原理

拓展知识

生产制造和使用过程的差异性,造成了各单体动力蓄电池天然就存在着不一致性。不一致性主要表现在单体容量、内阻、自放电率、充放电效率等方面。单体的不一致,传导至动力蓄电池包,带来了动力蓄电池包容量的损失,进而造成寿命的下降。如充电时有的已充满,有的还没满;用电时,有的电已用完了,有的还没用完,易产生过充或过放。

有研究表明,单体电芯20%的容量差异,会带来蓄电池包40%的容量损失。单体蓄电池的不一致,会随着时间的推移,在温度以及振动条件等随机因素的影响下进一步恶化。采取的措施就是蓄电池管理系统对电芯实施均衡。

蓄电池均衡的主要方法,主要分为化学均衡方法(未得到广泛应用)和物理均衡方法。物理均衡方法根据是否有能量损失又分为被动均衡和主动均衡。

被动均衡(有损均衡):即电阻耗能式,在每一个单体蓄电池并联一个电阻分流,耗能均衡就是将容量多的蓄电池中多余的能量消耗掉,实现整组蓄电池电压的均衡。但由于每个单体并联一个放电电阻,从而损耗电能并产生热量,给蓄电池系统热管理提出了更高的要求。

主动均衡(无损均衡):即能量转移式,将单体能量高的蓄电池电量转移到单体能量低的蓄电池,通过储能元件实现不均衡蓄电池间的能量转移。该类方案普遍结构复杂,硬件成本高,对系统的可靠性设计也提出了较高的要求;但其能量利用率较高,是目前蓄电池单体均衡研究的一个热点。根据储能元件不同,又可分为:电容均衡、变压器均衡和电感均衡三类。

任务实施

引导问题4:电动汽车动力蓄电池系统由哪几部分组成?

_____

_____

_____

小提示4:

电动汽车动力蓄电池系统主要包括动力蓄电池储能系统、动力蓄电池管理系统和动力蓄电池充电系统三大部分。动力蓄电池储能系统是电动汽车的核心,为整车提供驱动车辆行驶的电能,主要由动力蓄电池箱、蓄电池单体、蓄电池模组、辅助元器件等部分组成。

1. 动力蓄电池箱

动力蓄电池箱内主要包括动力蓄电池模组、蓄电池管理系统、辅助元器件以及动力蓄电池箱体等部件。动力蓄电池箱结构如图2-1-3所示。

动力蓄电池箱是用来支撑、固定和包围动力蓄电池系统组件,具有承载保护动力蓄电池模组及电气元件的作用。电动汽车的动力蓄电池箱体大都是通过螺栓固定在车身底板下方,其防护等级为IP67。当进行整车维护时,需观察动力蓄电池箱体螺栓是否有松动,箱体是否有破损变形,密封凸缘是否完整。动力蓄电池箱体表面不得有划痕、尖角、毛刺、焊缝及剩余油迹等外观缺陷。

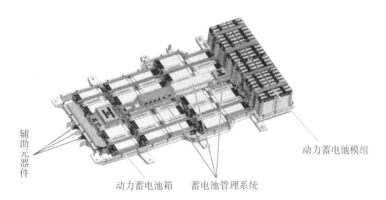

图 2-1-3　动力蓄电池箱结构

2. 蓄电池单体

蓄电池单体即电芯,是构成动力蓄电池模组的最小单元,如图 2-1-4 所示。按正极材料来分,主要有钴酸锂、锰酸锂、磷酸铁锂以及镍钴锰酸锂三元材料等。蓄电池单体有圆柱形和长方体形,根据壳体材料不同,又有金属外壳和软包外壳等类型。

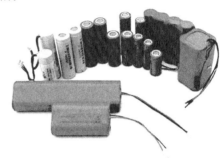

3. 蓄电池模组

蓄电池模组是指蓄电池单体经过串联或并联的方式进行组合,并设置保护线路板及外壳后能够直接提供电能的组合体,如图 2-1-5 所示。蓄电池模组的组合方法主要有先并后串、先串后并和混联三种,是组成动力蓄电池系统的次级结构之一。

图 2-1-4　蓄电池单体

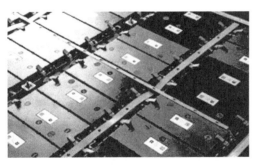

图 2-1-5　蓄电池模组

4. 辅助元器件

动力蓄电池箱内部的辅助元器件按照作用分类,主要有主控盒、从控盒、高压控制盒、高压继电器、维护插接器、高压断路器、信息采集元件、温度传感器、加热断路器、保护装置以及高低压连接线束等部件。

1) 主控盒

主控盒是动力蓄电池管理系统的控制中心,用来控制总正继电器、加热继电器以及预充继电器,还通过 CAN 总线与 VCU 进行通信。

2）从控盒

从控盒用来分别采集左、右蓄电池组的单体电压和模组温度,然后通过CAN总线将信息输送给主控盒。

3）高压控制盒

高压控制盒的主要作用是采集总电压、电流、检测高压绝缘情况等,然后通过CAN总线传输给主控盒。

4）高压继电器

蓄电池包内通常设有多个高压继电器,也叫作断路器或继电器。蓄电池管理系统要完成对继电器的驱动与状态检测,通过与整车控制器通信协调后进行控制。蓄电池包内的继电器一般有总正、总负、预充以及加热继电器等。

5）维护插接器

维护插接器也叫维修开关或紧急开关,在特定时刻能够实现高压系统的电气隔离,是保证电动汽车高压电气安全的关键部件。在车辆维修或存在漏电危险等特殊情况时,使用维修开关人工切断高压电路。

6）高压断路器

高压断路器也叫高压熔断器、动力蓄电池主保险,它串联在被保护电路中,用来保护电气设备免受过载和短路电流的损害。

7）电加热膜

动力蓄电池的电加热膜外表为一层绝缘硅胶,因此又称硅胶电热膜或硅橡胶电热片。是一种采用耐高温、高导热、绝缘性能好、强度高的硅橡胶和耐高温的纤维增强材料以及金属发热膜电路集合而成的软性电加热膜元件。

8）温度传感器

为了保证蓄电池的使用性能,必须使蓄电池工作在合理的温度范围之内。温度传感器用来检测动力蓄电池电芯温度。

9）加热断路器

当动力蓄电池的加热电流过大时熔断,加热断路器熔断,用来保护加热系统零部件。

10）预充电路电阻

根据电动汽车的安全标准,对于高于60V的高压系统,其上电过程必须大于$100\mu s$。在上电过程中,应该采用预充过程来缓解高压冲击,以提高整车的安全性能。

预充电管理是电动汽车必不可少的重要环节,主要作用是给驱动电机控制器的大电容进行充电和缩小高压系统电压差,以减少高压继电器在接触时产生的火花拉弧,降低冲击、增加安全性。预充电路电阻与预充电路继电器配合工作,共同完成车辆的预充电过程。

11）分流器

电阻分流器可用来测量电动汽车动力蓄电池工作电流。分流器是一个能够通过极大电流的电阻,其阻值是严格设计好的,串接在直流电路里。当高压电流过分流器时,分流器两端产生毫伏级直流电压差值信号,该信号输送给蓄电池管理系统,用以计量该直流电路里的电流值。

12）高低压连接线束

动力蓄电池箱体内部连接线束主要分为高压线缆、低压线缆和 CAN 信号线，如图 2-1-6 所示。

图 2-1-6　连接线束

💡 引导问题 5：比亚迪汉动力蓄电池有什么结构特点？有什么改进的建议？

💡 小提示 5：

比亚迪汉搭载的是刀片蓄电池，一款被称为"超级磷酸铁锂蓄电池"的新一代产品，可改善传统磷酸铁锂蓄电池能量密度低的劣势。

刀片蓄电池，顾名思义是类似于刀片形状的蓄电池设计形式。刀片蓄电池采用的是长条片状的样式，增加长度、宽度而减小厚度，最终实现体积和质量的下降，改进蓄电池包的集成效率，如图 2-1-7 所示。另外，这种刀片蓄电池还可以根据不同的车型与性能需求设计成不同尺寸。

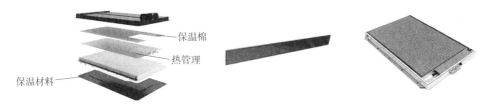

图 2-1-7　刀片蓄电池

刀片蓄电池取消了蓄电池包内部的模组以及梁结构，直接将蓄电池拉长并固定在蓄电池包的边框上，因此刀片蓄电池既是能量体，也是直接支撑蓄电池包的结构件，与传统蓄电池包相比，刀片蓄电池的质量能量密度比上一代蓄电池提升了 9%，达到了 140W·h/kg，体积能量密度的提升幅度也高达 50%，这意味着续驶里程可提升 50% 以上，同时解决了蓄电池固定问题以及强度问题。并且磷酸铁锂蓄电池本身热稳定性就优于三元锂电池，消除了续驶和安全方面存在的不足。

另外，刀片蓄电池生产成本也将节约 30% 左右。过去磷酸铁锂蓄电池虽然性能不如三元锂电池，但是安全性占据优势，如今磷酸铁锂蓄电池上实现了技术突破，同时蓄电池寿命也达到 8 年以上，累计可以行驶 120 万 km。

评价反馈

考核内容与评价标准见表2-1-5。

考核内容与评分标准　　　　　　　　　表2-1-5

考核项目		考核内容	评分标准	分数	小组互评	教师评价	得分
理论考核（60%）		采用笔试形式,在每个任务结束时实施,考核内容是结构与原理、安装与调试等	选择题30%； 判断题30%； 填空题20%； 简答题20%	60	—		
实操考核（40%）	过程考核（20%）	团队合作、活动参与	是否和谐	2			
		安全规范操作	有无安全隐患	2			
		现场8S（整理、整顿、清理、清扫、安全、服务、素养、节约）	是否做到	2			
		制订安装与调试作业实施计划	方案是否正确、合理	2			
		操作过程	1.学生8人一组,在电气学习训练区完成实训任务,教师及小组互检评分 2.每人撰写实训报告并在小组进行交流,根据在小组活动中的表现进行小组互评	12			
	结果考核（20%）	任务完成情况	是否圆满完成	10			
		工具、设备使用	是否规范、标准	5			
		劳动纪律	是否能严格遵守	3			
		工作页填写	是否完整、规范	2			
合计		教师签名：	年　　月　　日				

任务2　电动汽车动力蓄电池组的组装与更换

 学习目标

完成本学习任务后,你应当能够：
1. 叙述电动汽车动力蓄电池的组装方法；
2. 叙述电动汽车动力蓄电池密封性的检查方法；
3. 正确使用工具,安全更换电动汽车的动力蓄电池组；
4. 在实训中实施现场8S,遵守环保要求。

任务书

实训任务单见表2-2-1。

实 训 任 务 单 表2-2-1

专业班组		班长		日期	
实训任务		更换电动汽车动力蓄电池组			
检查意见：					
签字：					

任务分组

学生任务分配见表2-2-2。

学生任务分配表 表2-2-2

班级		组号		指导老师	
组长		学号			
组员	姓名		学号	姓名	学号
任务分工					

获取信息

引导问题1：纯电动汽车动力蓄电池总成的结构是什么样的？请举例说明。

_____
_____

小提示1：

以比亚迪E6为例，动力蓄电池组由11个动力蓄电池模组，共96节蓄电池单元组成。

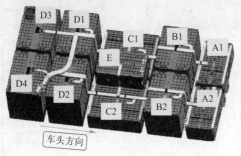

图2-2-1 比亚迪E6动力蓄电池组总成及蓄电池模组位置

如图2-2-1所示，比亚迪E6采用了蓄电池类型是磷酸铁锂（$LiFePO_4$），每个蓄电池单元的单体电压约为3.3V，利用96节蓄电池单元串联后，可以形成约316.8V的总电压。

注意：磷酸铁锂蓄电池的标称电压是3.3V、终止充电电压是3.6V、终止放电压是2.0V。

在E6的动力蓄电池组总成中，可以分别对11个蓄电池模组进行标记和命名，即从A1～E分别标记为A1、A2、B1、B2、C1、C2、D1、D2、D3、D4和E，其中：

A1、A2、E——每个蓄电池模组有4个蓄电池单元串联；

B1、B2——每个蓄电池模组有10个蓄电池单元串联；

C1、C2——每个蓄电池模组有8个蓄电池单元串联；

D1、D2、D3、D4——每个蓄电池模组有12个蓄电池单元串联。

引导问题2：为了进行蓄电池单体检测，怎样进行动力蓄电池组的分解与组装？

_____

_____

小提示2：

动力蓄电池组的分解与组装（以荣威E50动力蓄电池为例）步骤如下：

（1）使用专用工具小心抬起蓄电池模块包括蓄电池监控电子装置，在此要注意相邻部件，特别是高电压导线。使用磁套筒头安装蓄电池模块的螺母并按规定力矩拧紧。将导线束的插头与蓄电池监控电子装置连接在一起，安装并固定拆下的隔板，插上相关蓄电池模块的高电压插头。连接蓄电池模块与壳体上所固定导线之间的高电压导线。

（2）检查壳体下部件的密封面并清除可能存在的污物。在其他人的帮助下小心放上壳体端盖。在此必须注意不要让尖锐棱边接触密封垫。

（3）安装后续检查及完善。

①使用专用测试仪进行最终测试。安装前必须使用专用测试仪进行测试。安装适用于排气单元的检测适配器。连接用于压力接口、高电压插头和12V车载网络插头的检测接口。专用测试仪如图2-2-2所示。E50动力蓄电池单元接口如图2-2-3所示。

②进行总测试。首先进行密封性测试，随后进行耐压强度、绝缘电阻和绝缘监控测试。

③将动力蓄电池单元安装在车上。在其他人的帮助下使用总成升降台小心使动力蓄电池单元移回车辆下方。抬起动力蓄电池单元时必须注意锁止件和中间位置，而且不允许将总成升降台抬得过远。安装动力蓄电池组上的固定螺栓，拧入电位补偿螺栓。

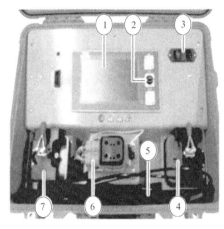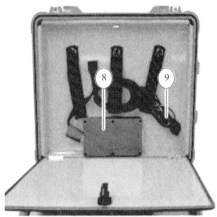

图 2-2-2　荣威 E50 动力蓄电池专用测试仪

1-用于操作的触摸屏;2-用于更新的 USB 接口;3-网络电缆和主开关接口;4-专用车型开关;5-连接电缆;6-高电压插头;7-专用车型开关;8-用于高电压测试的继电器盒;9-网络电缆

图 2-2-3　E50 动力蓄电池单元接口

引导问题 3:动力蓄电池组一般安装在车辆的哪个位置？请举例。

_____

_____

小提示 3:

　　动力蓄电池尽可能放在清洁、阴凉、通风、干燥的地方并避免受到阳光直射,远离热源。动力蓄电池应当水平安装放置,不可倾斜。动力蓄电池组间应有冷却装置,以避免其在使用过程中产生过高的热量而影响其性能或造成损坏,严重者可导致爆炸。

　　纯电动汽车的动力蓄电池体积较大,一般位于车辆底部前、后桥及两侧纵梁之间,威马 EX5 动力蓄电池包安装位置,如图 2-2-4 所示。安装在这些位置可以有较高的碰撞安全性,可以降低车辆重心,车辆操控性更好。混合动力电动汽车的动力蓄电池个体较小,可在行李舱和后排座椅的下方或之间,普锐斯动力蓄电池安装位置,如图 2-2-5 所示。

　　动力蓄电池安装在这些地方,不但使得拆装操作更加简单,避免了动力蓄电池安装分散,减少了动力蓄电池之间高压连接线束的使用,避免了线路连接过多的问题,而且节约了成本。

图 2-2-4 威马 EX5 纯电动汽车动力蓄电池包安装位置

图 2-2-5 普锐斯混合动力电动汽车动力蓄电池组安装位置

引导问题 4:动力蓄电池安装与调试有哪些注意事项?

小提示 4:

动力蓄电池安装与调试的注意事项如下。

(1)为了防止未经授权进入工位以及无法确保高电压本质安全或出现不明状态时应使用隔离带。离开工作区域时建议竖立发光黄色警告提示。

(2)拆卸盖板前应清除高电压动力蓄电池单元盖板区域内的残留水分和杂质。

(3)进行每项工作步骤之时、之前和之后,应对作业组件进行仔细直观检查。例如拆卸某一组件时,应检查由此松开的其他组件是否损坏。

(4)在拔下和插上蓄电池管理单元(BMS)的绝缘监控导线时必须特别小心,因为在较细导线上存在高电压。拔下插头时必须注意,不要拉动导线。并注意插头是否正确锁止,如果未正确锁止,可能会无法识别绝缘故障。

(5)工作中断时应盖上拆下的壳体端盖并通过拧入几个螺栓防止无意中打开。

(6)在高电压组件或连接件上或在其附近不要使用带有尖锐刃口或边缘的工具或物体。例如禁止使用螺丝刀、侧面切刀、刀具等。允许使用装配楔("鱼骨")。在 12V 车载网络导线束上允许使用侧面切刀打开导线扎带。

(7)不允许切开高电压导线上的扎线带。可以松开卡子或将高电压导线连同支架部件一起拆卸。

(8)拆卸和安装蓄电池模块时,松开螺栓和进行拆卸时必须注意,不要松开蓄电池模块上的塑料盖板。下面装有导电蓄电池接触系统。

(9)如果高电压动力蓄电池单元内部有杂质时,明确原因后应对相关部位进行仔细清洁,允许使用以下清洁剂:酒精、玻璃清洗液、蒸馏水等。

(10)热交换器采用非常扁平的设计结构,导致拆卸和安装时损坏风险较高,因此必须始终由两个人来拆卸和安装热交换器。进行热交换器操作时,必须非常谨慎,因为热交换器损坏(弯曲、凹陷)时无法确保对蓄电池模块进行冷却。这样会使车辆可达里程和功率明显下降。重新安装前必须使用规定清洁剂清洁密封垫和密封面(排气单元、高电压插头、12V插头、热交换器接口)。

(11)电解液的主要部分结合在固体阴极材料锂镍锰钴氧化物内和固体阳极材料石墨内。高电压动力蓄电池单元内的自由电解液量非常小。出现泄漏情况时,可能会释放电解液和溶剂蒸气。接触皮肤或眼睛后需用大量清水进行冲洗并马上就医。发生火灾时主要会产生易燃气体、污浊气体和对健康有害的物质,例如一氧化碳、二氧化碳、氢气和碳氢化合物,注意切勿吸入,应供给充足新鲜空气。呼吸停止时应进行人工呼吸并马上就医。发生火灾时应通知消防部门,立即清理区域并保护事故地点。在不造成人员伤害的情况下进行灭火并使用相应灭火剂(例如水)。

(12)穿戴好防护用品。

警告:高压操作前,维修人员必须穿戴好防护用品,戴好绝缘手套,穿好高压绝缘鞋。在戴绝缘手套前,必须要检查绝缘手套是否有破损的地方,确保手套无绝缘失效。

使用绝缘手套前,务必通过执行以下程序以检查它们是否有破裂、磨损或其他形式的损坏,如图2-2-6所示。确认密封良好后,佩戴绝缘手套。

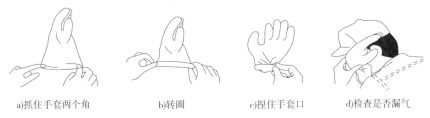

a)抓住手套两个角　　b)转圈　　c)捏住手套口　　d)检查是否漏气

图2-2-6　检查绝缘手套方法示意图

任务实施

引导问题5:威马EX5纯电动汽车动力蓄电池总成的拆装步骤有哪些?请列出。

_____

_____

小提示5:

1. 拆卸前准备工作

必须满足以下条件才允许对高电压的动力蓄电池单元进行有针对性的修理工作,这些前提条件既涉及人员安全,也包括有特殊工具的要求。

拆卸与分解动力蓄电池总成最重要的特殊工具包括:

(1)可移动升降台以及用于拆卸和安装高电压动力蓄电池单元的适配接头套件。

(2)高电压动力蓄电池模块充电器。

(3)高电压动力蓄电池试运行的专用测试仪。

(4)用于拆卸和安装蓄电池模块的起重工具。

(5)用于松开高电压动力蓄电池单元内部卡子的塑料楔。

(6)高电压动力蓄电池拆装工作区域隔离带。

(7)带发光条的黄色警示锥筒。

高电压动力蓄电池单元修理工位必须洁净、干燥、无油脂、无飞溅火花。因此必须避免紧靠车辆清洗场所或车身修理工位。如有可能,应使用活动隔板或隔离带进行隔离。

警示:只允许具备高电压动力蓄电池单元修理资质的维修人员进行这项工作,而且只有符合检测计划且满足"外部没有机械损伤"前提条件时,才能打开高电压动力蓄电池单元并根据检测计划更换损坏组件。

2. 威马EX5动力蓄电池总成拆卸

拆卸蓄电池包前序步骤如下:

打开前机舱盖→断开蓄电池搭铁线→拆卸维修开关(等待3min)→举升车辆→拆卸机舱底部前护板→排放冷却液→拆卸蓄电池包总成。

拆卸蓄电池包总成步骤见表2-2-3。

拆卸蓄电池包总成步骤　　　　　　表2-2-3

序号	操作步骤	示意图
1	待冷却液温度低时,打开膨胀水箱盖,释放冷却系统压力。 注意:冷却液高温时,不要执行该操作,以免烫伤。 断开连接在动力蓄电池上的进出水管	
2	断开动力蓄电池上的整车低压线束连接器	
3	断开动力蓄电池总成上的高压直流充电线带插座总成	
4	断开动力蓄电池总成上的直流高压母线线束连接器	

续上表

序号	操作步骤	示意图
5	断开动力蓄电池总成上的交流充电线束总成	
6	举升电池托架至与蓄电池接触。 搬运蓄电池总成至蓄电池维修专业工作台时,应用动力蓄电池专用吊架,严禁直接用手抬动力蓄电池。 拆下动力蓄电池固定在车架上的21个固定螺栓。 降下动力蓄电池支撑平台	

3. 拆卸注意事项

如果蓄电池包发生泄漏(有明显液体流出),按照以下方法操作:

(1)将车辆退电至OFF挡,并在条件允许的情况下断开前舱12V蓄电池。

(2)断开维修开关。

(3)少量电解液用抹布擦拭干净。

(4)将小苏打($NaHCO_3$)洒于所漏电解液上。

(5)用pH试纸检测,蓝色为正常。

(6)用干砂、土壤、锯木屑、废棉纱等材料吸附电解液,所回收电解液应置于密闭塑料容器。

(7)将电解液交于专业机构焚烧处理。

如果电解液接触到人体,按照以下方法操作:

(1)接触到眼睛:用清水冲洗眼睛至少15min,若仍有疼痛感,立即就医。

(2)接触到皮肤:脱去受到污染的衣服,立即用干净的布将接触到的污染物擦拭干净,然后用肥皂和水彻底清洗,若仍有疼痛感,立即就医。

4. 威马EX5动力蓄电池总成安装

安装蓄电池包总成操作步骤见表2-2-4。安装蓄电池包总成插接时注意"一插、二响、三确认"原则。

安装蓄电池包总成步骤　　　　　　　　　　表2-2-4

序号	操作步骤	示意图
1	举升电池托架至与蓄电池接触。 安装动力蓄电池固定在车架上的21个固定螺栓。 力矩:78N·m	

续上表

序号	操作步骤	示意图
2	连接交流充电线束总成与动力蓄电池总成	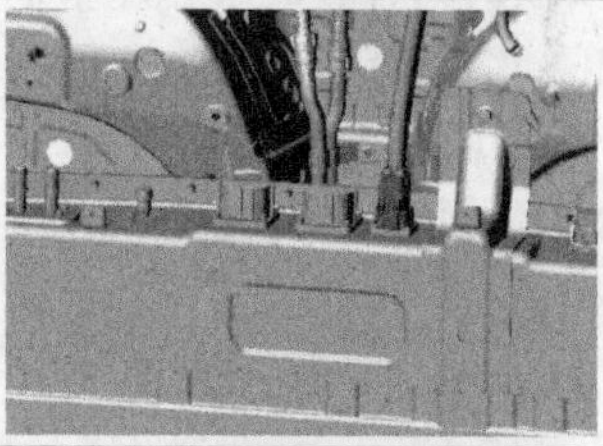
3	连接直流高压母线线束连接器与动力蓄电池总成	
4	连接高压直流充电线带插座总成与动力蓄电池总成	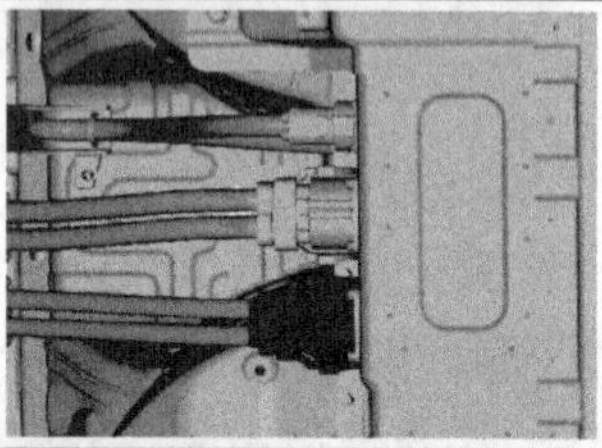
5	连接动力蓄电池上的整车低压线束连接器	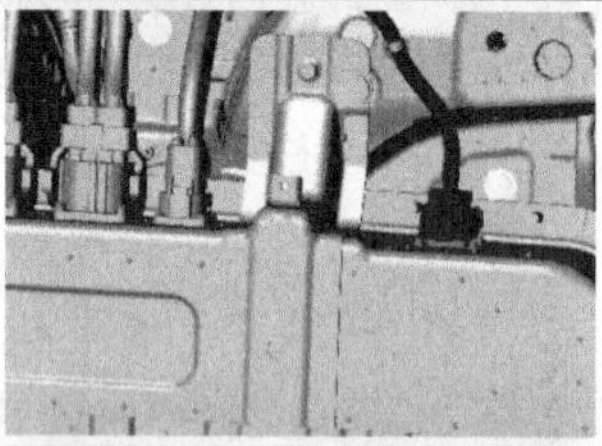
6	连接动力蓄电池进出水管与动力蓄电池总成	

后续步骤：安装机舱底部前护板→放下车辆→加注冷却液（冰点≤-40℃）→连接蓄电池负极搭铁线→关闭前机舱盖→安装维修开关。

引导问题6：对电动汽车的动力蓄电池进行密封性检测的目的是什么？

___

___

小提示6：

蓄电池作为电动汽车核心能量源，它能为整车提供驱车电能。蓄电池的电解质溶液不得泄漏,另外为了保护蓄电池包内部元器件不受灰尘、雨水等侵蚀,蓄电池的气密性指数必须达到一定的防尘防水等级。动力蓄电池厂家在生产蓄电池时,一般会针对蓄电池进行防水性较强的精密性设计,一般使用的密封壳材料主要有:橡胶密封圈、密封胶和泡棉胶带等等。但无论是使用哪种材料,对蓄电池进行气密性测试也是非常重要的。

纯电动汽车动力蓄电池组输出电压为200V以上,蓄电池箱体除保障容纳蓄电池外,还必须有效隔绝操作人员和乘客与蓄电池的接触;蓄电池箱体必须密封防水,防止进水导致电路短路,蓄电池箱体防护等级要求达到IP67。

蓄电池箱密封性测试包括以下类型。

1)气密性试验

把蓄电池箱上盖拧紧,使用密封胶进行密封,只留一个插接件口作为进气口,其余插接件孔堵住,使用气压表控制压力,对蓄电池箱进口充气,加气压力到30kPa,保压1min,用肥皂水检查是否有漏气的地方。若蓄电池箱没有漏气,可以保压,说明蓄电池箱体密封性至少在密封等级IP66以上。

2)浸水试验

把蓄电池箱上盖拧紧,使用密封胶进行密封,所有插接件孔都用挡板夹密封垫堵上,将整个蓄电池箱体完全浸入一个盛满水的池子中,用支架从蓄电池箱上边把整个箱子完全压入水中,保持箱子上表面在水下500mm,保持10min。待时间到后取出箱子,打开上盖,看箱体内是否进水。若箱子内完全干燥,则说明蓄电池箱体密封性至少达到了IP66以上。若箱子内部进水,则说明密封不够,需查找原因和改进。

引导问题7:动力蓄电池气密性测试的步骤是什么?

小提示7:

动力蓄电池的气密性测试的前序步骤如下:

拆卸维修开关(等待3min)→打开前机舱盖,断开蓄电池负极搭铁线→举升车辆→拆卸机舱底部前护板→排放冷却液→拆卸蓄电池包总成→测试动力蓄电池气密性。动力蓄电池气密性测试的操作步骤见表2-2-5。

动力蓄电池气密性测试步骤　　　　表2-2-5

序号	操作步骤	示意图
1	待冷却液温度低时,打开膨胀水箱盖,释放冷却系统压力。 注意:冷却液高温时,不要执行该操作,以免造成烫伤。 检查直压气密性检测仪。 注意:测试前需要堵住高压插件接口、通信线接口和气压平衡防爆阀	

续上表

序号	操作步骤	示意图
2	连接气源。 注意:引入测试气源,压缩空气压力在400~700kPa之间为宜	
3	关闭球阀	
4	打开设备电源开关,按下"保压"按键,观察仪器显示器"测试压"数据	
5	旋转调压阀调节压力,至测试工件所需的气压。气密性测试气压为3.0kPa	
6	根据气密性测试标准流程,设置测试参数。 测试参数:稳压时间≥60s;测试时间:60s;合格阈:≤70Pa/min	
7	连接测试工件准备测试:快速接头1、防爆阀2、高压插件、通信线接口3	

续上表

序号	操作步骤	示 意 图
8	打开测试球阀,按下"启动"按钮,进行测试,如果测试结果不满足测试要求,NG警告灯亮	

后续步骤:安装机舱底部前护板→放下车辆→加注冷却液(冰点≤-40℃)→连接蓄电池负极电缆→关闭前机舱盖→安装维修开关。

评价反馈

考核内容与评价标准见表2-2-6。

考核内容与评分标准　　　　　　　　　　　　　　　　　　　　　　表2-2-6

考核项目		考核内容	评分标准	分数	小组互评	教师评价	得分
理论考核(60%)		采用笔试形式,在每个任务结束时实施,考核内容是结构与原理、安装与调试等	选择题30%;判断题30%;填空题20%;简答题20%	60			
实操考核(40%)	过程考核(20%)	团队合作、活动参与	是否和谐	2			
		安全规范操作	有无安全隐患	2			
		现场8S(整理、整顿、清理、清扫、安全、服务、素养、节约)	是否做到	2			
		制订安装与调试作业实施计划	方案是否正确、合理	2			
		操作过程	1.学生8人一组,在电气学习训练区完成实训任务,教师及小组互检评分; 2.每人撰写实训报告并在小组进行交流,根据在小组活动中的表现进行小组互评	12			
	结果考核(20%)	任务完成情况	是否圆满完成	10			
		工具、设备使用	是否规范、标准	5			
		劳动纪律	是否能严格遵守	3			
		工作页填写	是否完整、规范	2			
合计		教师签名:	年　月　日				

项目三 电动汽车充电系统安装与检测

任务 1　电动汽车快速充电系统安装与检测

> **学习目标**
>
> 完成本学习任务后,你应当能够:
> 1. 叙述电动汽车快速充电系统的组成;
> 2. 在教师的指导下,拆装电动汽车快速充电口;
> 3. 在教师的指导下,测试电动汽车快速充电系统;
> 4. 在实训中实施现场 8S,正确使用工具。

任务书

实训任务单见表 3-1-1。

实训任务单　　　　　　　　　　　　　　　表 3-1-1

专业班组		班长		日期	
实训任务	电动汽车快速充电系统安装与检测			
检查意见:					
签字:					

任务分组

学生任务分配见表 3-1-2。

学生任务分配表 表 3-1-2

班级		组号		指导老师	
组长		学号			
组员	姓名		学号	姓名	学号
任务分工					

获取信息

引导问题 1：什么是快速充电模式？

_____

_____

小提示 1：

快速充电模式又称直流充电模式,这是一种能够快速充满电的充电方法。通过非车载充电机采用大电流给蓄电池直接充电,使蓄电池在短时间内可充至 80% 左右的电量。快速充电模式的代表为特斯拉超级充电桩(图 3-1-1)。快速充电模式的电流和电压一般为 150～400A 和 200～750V,充电功率大于 50kW。此种方式,地面的充电机功率大,输出电流和电压变化范围宽。

图 3-1-1　特斯拉超级充电桩

快速充电模式的充电速度非常快,其充电方法是采用脉冲快速充电。脉冲快速充电的最大优点为充电时间大为缩短;且可增加适当蓄电池容量,提高启动性能。可是脉冲充电电流较大,充电设备安装要求和成本非常高。并且快速充电的电流电压较高,短时间内对蓄电池的冲击较大,容易令蓄电池的活性物质脱落和蓄电池发热,因此对蓄电池保护散热方面要求有所更高的要求,并不是每款车型都可快速充电。无论蓄电池的设计有多完美,长期快速充电终究会影响蓄电池的使用寿命。

快速充电模式实质上为应急充电模式,其目的是短时间内给电动汽车充电。从使用层面来说,并不建议常使用快速充电模式进行充电。而且快速充电模式仅部分车型支持。

引导问题2：快充模式充电系统的组成和原理是什么？

_____

_____

小提示2：

1. 快充模式充电系统组成和原理

1）组成

在快充模式下，充电系统主要由充电桩（直流快充桩）、快充接口、高压控制盒、动力蓄电池、整车控制器、高压线束和低压控制线束等组成。

2）快充模式充电系统结构原理

快充模式充电系统结构原理图如图3-1-2所示。

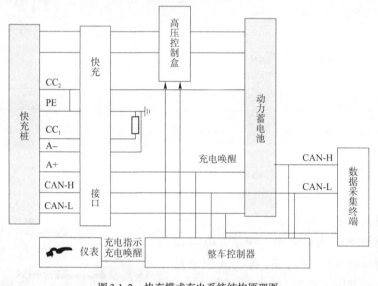

图3-1-2　快充模式充电系统结构原理图

整车控制器是快速充电功能的主控模块。将快速充电接口由充电桩连接至车辆快充接口以后，整车控制器通过CC线判断充电接口已经正确连接，并启用唤醒线路唤醒车辆内部充电系统电路及部件。

整车控制器通过输出高压接触器接通指令至高压控制盒，实现快速充电桩与动力蓄电池之间高压电路的接通。接通并实现充电时，整车控制器向仪表输出正在充电显示信息。

从快速充电系统工作原理图（图3-1-3）可以看到，以车辆接口处划分，左侧为充电桩及插头，右侧为车辆及直流充电接口。充电桩中开关S为常闭开关，与直流充电插头上的机械锁相关联，按下机械锁，开关S就打开。电阻$R_1 \sim R_5$分别连接于CC_1、CC_2这2条连接确认检测线路中，其阻值约为$1k\Omega$；U_1、U_2分别为充电桩和车辆控制装置中提供的参考电压，电压值为12V。

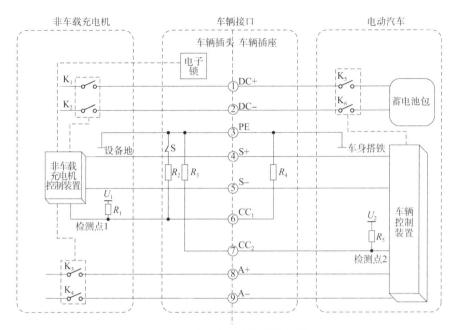

图 3-1-3　快速充电系统工作原理图

2. 快速充电系统的工作过程

1）准备阶段

将直流充电接头与汽车充电口连接后，U_1 通过电阻 R_1、R_4、端子 CC_1 与车身搭铁形成回路，U_2 通过 R_5、R_3、端子 CC_2 与充电桩设备接地形成回路，分别完成工作电路的连接。直流充电系统中的非车载充电机控制装置监测检测点 1 的电压值达到 4V 时，则确认充电线路完全连接。

2）自检阶段

充电系统完成连接后，充电桩闭合 K_3、K_4，低压辅助供电回路导通，12V 低压电则通过 A+、A- 端子与车辆形成通路。车辆控制装置通过监测检测点 2 的电压值，当电压达到 6V 时，车辆控制装置与充电桩之间通过 S+、S- 这两个通信连接线发送通信信号，确认充电准备完成，同时控制开关 K_1、K_2 闭合，进行绝缘测试，保证充电过程的安全进行。绝缘测试完成后，开关 K_1、K_2 断开。自检阶段完成。

3）充电阶段

车辆控制装置闭合 K_5、K_6，充电桩验证充电条件是否满足，即与原数据通信时相比电压差小于 5%，并且车辆蓄电池电压处于充电机最高输出电压与最低输出电压之间，充电桩控制开关 K_1、K_2 闭合，形成直流充电回路。在充电过程中，车辆与充电桩会通过 S+、S- 端子持续地进行数据通信，并发送实时充电需求，按照动力蓄电池充电状态及时调整充电电压和充电电流。

4）结束阶段

车辆控制装置实时监测动力蓄电池的充电状态或通过是否收到"充电机中止充电报文"的指令来判断是否完成充电。当满足充电完成的条件，或者接收到驾驶员的停止充电指令时，系统确认充电电流小于 5A 后，车辆控制装置断开开关 K_5、K_6，充电机控制装置断开 K_1、K_2，最后断开 K_3、K_4，完成充电过程。

引导问题3：快速充电口的构成是什么？

_____

_____

💡 **小提示3**：

直流充电柜将高压直流电通过直流充电口给动力蓄电池充电。

直流充电口的构成如图3-1-4所示。

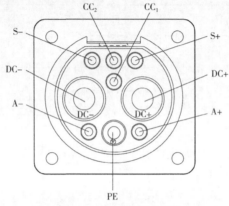

图3-1-4　直流充电口的构成

CC_1-充电柜确认枪是否插好(充电口端有1kΩ电阻)；CC_2-电动车确认枪是否插好(充电枪端有1kΩ电阻)

直流充电口端子测量见表3-1-3。

直流充电口端子测量　　　　　　　　　表3-1-3

各端子含义	
1—A−(低压辅助电源负)	4—CC_1(车身搭铁)1kΩ±30Ω
2—A+(低压辅助电源正)	5—S−(CAN-L)
3—CC_2(直流充电感应信号)	6—S+(CAN-H)

📖 **任务实施**

 引导问题4：拆装快速充电口的步骤是什么？

_____

_____

💡 **小提示4**：

1. 拆卸直流充电口前的准备

(1) 启动开关OFF挡。

(2) 蓄电池断电。

(3) 拆掉前保险杠总成。

2. 拆装直流充电口

1）拆卸直流充电口

（1）拆掉充电口上安装板和充电口凸缘面安装螺栓。

（2）打掉两颗搭铁螺栓。

（3）退掉高低压接插件并拆掉扎带。

（4）从图 3-1-5 所示方向取出直流充电口。

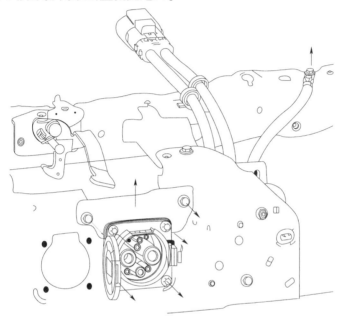

图 3-1-5 取出直流充电口示意图

2）安装直流充电口

（1）先将直流充电口高低压线束穿过车身安装钣金。

（2）将直流充电口小压板装上，拧紧 2 个凸缘面螺栓。

（3）拧紧 4 颗凸缘面安装螺栓。

（4）固定好高压线束扎带并接上所有高低压接插件，拧紧 2 个搭铁螺栓。

引导问题 5：快速充电系统的检测步骤是什么？

小提示 5：

（1）检测充电桩显示车辆是否连接，方法如下：

①检查快充口 CC_1 端与 PE 端是否有 1000Ω 电阻。

②检查快充口导电层是否脱落。

③检查充电枪 CC_2 与 PE 是否导通。

(2)检测动力蓄电池继电器是否闭合,方法如下:
①检查充电桩输出正极唤醒信号是否正常。
②检查充电桩输出负极唤醒信号与 PE 是否导通。
③检查充电桩 CAN 通信是否正常。
(3)检测动力蓄电池继电器正常闭合,是否有输出电流,方法如下:
①检查充电桩与动力蓄电池 BMS 软件版本是否匹配。
②检查高压连接器及线缆是否正确连接。
③用诊断仪查看充电监控状态。
(4)检测 DC/DC 变换器是否工作,方法如下:
①检查连接器是否正常连接。
②检查高压熔断器是否熔断。
③检查使能信号输入是否正常(12V)。

评价反馈

考核内容与评分标准见表 3-1-4。

考核内容与评分标准　　　　　　　　　　　　表 3-1-4

考核项目		考核内容	评分标准	分数	小组互评	教师评价	得分
理论考核(60%)		采用笔试形式,在每个任务结束时实施,考核内容是结构与原理、安装与调试等	选择题30%;判断题30%;填空题20%;简答题20%	60			
实操考核(40%)	过程考核(20%)	团队合作、活动参与	是否和谐	2			
		安全规范操作	有无安全隐患	2			
		现场8S(整理、整顿、清理、清扫、安全、服务、素养、节约)	是否做到	2			
		制订安装与调试作业实施计划	方案是否正确、合理	2			
		操作过程	1.学生8人一组,在电气学习训练区完成实训任务,教师及小组互检评分;2.每人撰写实训报告并在小组进行交流,根据在小组活动中的表现进行小组互评	12			
	结果考核(20%)	任务完成情况	是否圆满完成	10			
		工具、设备使用	是否规范、标准	5			
		劳动纪律	是否能严格遵守	3			
		工作页填写	是否完整、规范	2			
合计		教师签名:		年　　月　　日			

任务 2　电动汽车常规充电系统安装与检测

学习目标

完成本学习任务后,你应当能够:
1. 叙述电动汽车常规充电系统的组成;
2. 在教师的指导下,拆装电动汽车常规充电口;
3. 在教师的指导下,拆装车载充电机;
4. 电动汽车常规充电系统故障检测与排除;
5. 在实训中实施现场8S,正确使用工具。

任务书

实训任务单见表3-2-1。

实 训 任 务 单　　　　　　　　　表3-2-1

专业班组		班长		日期	
实训任务		电动汽车常规充电系统安装与检测			
检查意见:					
签字:					

任务分组

学生任务分配见表3-2-2。

学生任务分配表　　　　　　　　表3-2-2

班级		组号		指导老师	
组长		学号			
组员	姓名	学号		姓名	学号
任务分工					

获取信息

引导问题 1：什么是常规充电模式？

_____

_____

小提示 1：

常规充电模式也叫交流充电模式,是一种采用随车配备的便携式充电设备进行充电的方法,可使用家用电源或专用的充电桩电源,即车载充电机或家用壁挂式充电桩。充电电流较小,一般在 16～32A 左右,电流通常是两相交流电或三相交流电,因此视蓄电池组容量大小,充电时间为 5～8h。

常规充电模式缺点非常明显,充电时间较长,但其对充电的要求并不高,充电器和安装成本较低;可充分利用电力低谷时段进行充电,降低充电成本;更为重要的优点是可对蓄电池进行深度充电,提升蓄电池充放电效率,延长电池寿命。

电动汽车交流充电方式

引导问题 2：常规充电系统组成和原理是什么？

_____

_____

小提示 2：

1. 常规充电系统组成和原理

1）组成

在慢充模式下,充电系统主要由供电设备(充电桩)、常规充电接口、车载充电器、高压控制盒、动力蓄电池、整车控制器(VCU)、高压线束和低压控制线束等组成。

2）常规充电系统结构原理图(图 3-2-1)

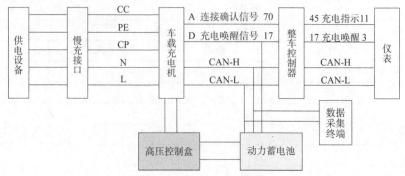

图 3-2-1 常规充电系统结构原理图

充电枪连接通过车载充电机(充电器)反馈到整车控制器,再唤醒仪表显示连接状态

(负触发);充电机同时唤醒整车控制器和动力蓄电池管理模块(正触发),整车控制器唤醒仪表启动显示充电状态(负触发);正、负主继电器由整车控制器发出指令由动力蓄电池管理模块控制闭合。

交流充电系统工作电路,如图 3-2-2 所示,充电桩中的供电控制装置通过检测 CC 连接确认信号后,把 S_1 开关从 12V 端切换到 PWM 端;当检测点 1 电压降到 6V 时,充电桩控制 K_1、K_2 开关闭合输出电流。

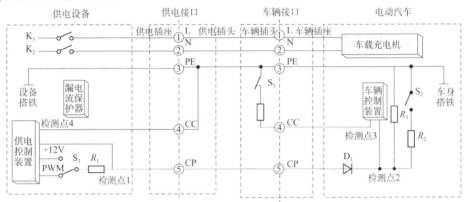

图 3-2-2 常规充电系统工作原理图

2. 充电过程

(1)CC 充电连接确认。当充电插头与车身交流充电口完全连接后,充电桩中供电控制装置通过检测点 4 检查到端子 CC 连接确认信号后,将 S_1 开关从 +12V 挡切换至 PWM 信号挡(脉冲宽度调制信号)。

(2)CP 控制确认。S_1 开关切换至 PWM 挡后,供电控制装置同时进行 PWM 信号的发送和检测点 1 电压的测量,以此来确认充电线路连接情况;车辆控制装置凭借对检测点 2 上接收到的 PWM 信号的监测,来判断供电设备的供电能力,并完成充电装置完全连接的确认。

(3)车辆控制装置通过检测点 3 测量端子 CC 和端子 PE 之间的电阻。线路中开关 S_3 为车辆插头的内部常闭开关,与插头上的机械锁止装置相关联,按下机械锁止开关,S_3 开关即断开。当插头与插座完全连接后,车辆控制装置通过测量检测点 3 与 PE 之间的阻值,确认完全连接,得到充电连接信号,完成了充电唤醒过程。

(4)系统确认充电装置完全连接后,供电控制装置通过测量检测点 1 的电压判断车辆是否准备就绪,当电压值达到规定值时,供电设备控制装置接通开关 K_1、K_2 分别为供电插头的 L、N 端子供电。

(5)BMS 检测充电需求,同时给车载充电机发送工作指令并控制车辆低压电路中的相关继电器吸合,车载充电机执行充电程序,同时点亮充电指示灯。

(6)充电过程中,系统会周期性地检测相关检测点的电压值,确认供电线路的连接情况。车辆控制装置测量检测点 2 和检测点 3、供电控制装置测量检测点 1 和检测点 4 的电压。监测周期不大于 50ms。另外,车辆控制装置持续地监测检测点 2 收到的 PWM 信号,当占空比信号发生变化时,调节车载充电机的输出功率,监测周期不大于 5s。

(7)充电完成。当 BMS 检测充电完成后,或达到车辆设置的充电完成条件,或驾驶员执行停止充电的指令时,车辆控制装置断开 S_2 开关,使车载充电机停止充电;供电控制装置将 S_1 开关切换至+12V 挡。在检测到 S_2 开关断开的信号后,供电控制装置断开 K_1、K_2 供电回路。一般采用恒流-恒压充电方法,在不同温度范围内以恒定电流充电至动力蓄电池组总电压达到或最高单体电压达到此温度条件下的规定电压值,以恒定电压充电至电流小于0.8A 后停止充电。充电温度通常为 0~55℃,此时以 10A 的电流充电;当单体蓄电池最高电压高于3.6V 时,降低充电电流到 5A,当电芯电压达到 3.7V 时,充电电流为 0A,请求停止充电。

引导问题 3:常规充电口的构成是什么?与快速充电口是一样的吗?

小提示 3:

通过家用 220V 插座和交流充电柜接入交流充电口,通过车载充电设备或 VTOG 将高压交流电转为高压直流电给动力蓄电池充电。

1. 交流充电口的构成

与直流充电系统接口相比,交流充电系统使用 CC 端子替代了直流充电中的 CC_1、CC_2 端子,使用 CP 端子作为交换信息通信线,替代了直流充电中的 S+、S- 端子,使用 L、N 交流电源端子替代了直流充电系统中的 DC+、DC- 直流端子,另外减少了 A+、A- 这 2 个辅助蓄电池低压连接线端子,如图 3-2-3 所示。

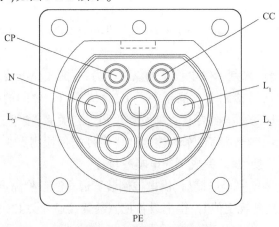

图 3-2-3 交流充电口的构成

L_1-A 相;L_2-B 相;L_3-C 相;N-中性线;PE-地线;CC-充电连接确认线;CP-充电控制线

2. 交流充电口端子测量

交流充电口端子测量见表 3-2-3。

温馨提示:当充电盒功率低于 7kW 的时候,交流电通过 VTOG 中的车载充电器(OBC)对动力蓄电池进行充电;当充电盒功率高于 7kW 的时候,交流电直接通过 VTOG 对动力蓄电池进行充电。

交流充电口端子测量　　　　　　　　　　　　　　　　表 3-2-3

CC 与 PE 阻值			
3.3kW 及以下充电盒	680Ω	VTOL（预留）	2Ω
7kW 及以下充电盒	220Ω	VTOV（预留）	100Ω
40kW 及以下充电盒	100Ω		

引导问题 4：车载充电机的作用是什么？

___

___

小提示 4：

车载充电机是固定安装在电动汽车上，给电动汽车动力蓄电池充电的充电机。具有为电动汽车动力蓄电池安全、自动充满电的能力，车载充电机依据蓄电池管理系统提供的数据，能动态调节充电电流或电压参数，执行相应的动作，完成充电过程。车载充电机是以交流电源作为输入，输出为直流，直接给动力蓄电池充电。

车载充电机由交流输入端口、功率单元、控制单元、低压辅助单元、直流输出端口等组成，如图 3-2-4 所示。车载充电机作为电动汽车电气系统的一部分，被固定在汽车上。车载充电机的输入端，以标准充电接口的形式固定在车体上，用于连接外部电源；车载充电机的输出端，直接连接动力蓄电池慢充电接口。

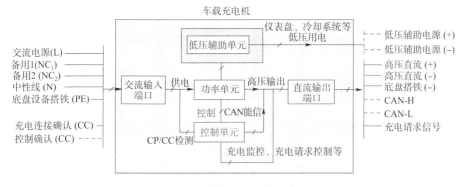

图 3-2-4　车载充电机连接示意图

任务实施

引导问题 5：拆装车载充电机的步骤是什么？

___

___

小提示 5：

警告：在拆卸车载充电机时要对车载充电机壳体内的接线端子电压进行测量，若电压值满足低于 36V 安全电压,再进行后续操作。对拆卸完的车载充电机要进行防尘防水处理,拆卸完成后及时用堵盖对接线口及低压线束接线密封。

1. 拆卸程序

拆卸车载充电机的前序步骤如下:

打开前机舱盖→断开蓄电池负极搭铁线→拆卸维修开关→拆卸前机舱底部护板→打开膨胀水箱盖将车辆支撑起,把冷却液排出,并收集→拆卸车载充电机。

拆卸车载充电机的正式步骤见表 3-2-4。

车载充电机拆卸步骤　　　　　　　　　　表 3-2-4

序号	操作步骤	示意图
1	拆卸车载充电机进出水管。 注意:水管脱开前在车辆底部放置容器,接住防冻液,以免污染地面	
2	拆卸交流充电及蓄电池加热线束连接器和控制线束连接器	
3	拆卸车载充电机的 4 个固定螺栓,并取下车载充电机。 注意:拆卸车载充电机固定螺栓时需要一人协助	

2. 安装程序

安装车载充电机的正式步骤见表 3-2-5。

安装车载充电机步骤　　　　　　　　　　表 3-2-5

序号	操作步骤	示意图
1	复位车载充电机,安装车载充电机的 4 个固定螺栓。 力矩:21N·m 注意:拆卸车载充电机固定螺栓时需要一人协助	

续上表

序号	操作步骤	示意图
2	安装交流充电及蓄电池加热线束连接器和控制线束连接器	
3	安装车载充电机进出水管	

后续步骤：安装前机舱下护板→将车辆降下加注冷却液→复位维修开关→连接蓄电池负极搭铁线。

 引导问题6：拆装常规充电口的步骤是什么？

_____

_____

交流充电口如图3-2-5所示。

1. 拆卸交流充电口

(1) 断开交流充电口高低压接插件并拆掉高压线束扎带，拆卸2个搭铁螺栓。

(2) 拆卸4个凸缘面固定螺栓。

(3) 向外取出交流充电口。

2. 安装交流充电口

(1) 将交流充电口线缆由外向内安装。

(2) 打紧4颗充电口凸缘面安装螺栓。

(3) 接好高低压接插件。

(4) 分别扣上小支架和水箱上横梁上面的扎带孔位。

(5) 打紧2个搭铁螺栓。

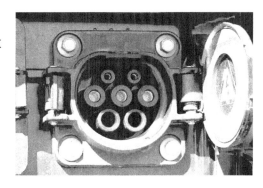

图3-2-5 交流充电口

 引导问题7：常规充电系统的检测方法是什么？

_____

_____

💡 **小提示7：**

常规充电系统故障检测与排除方法如下。

1. 车辆无法充电

现象：车辆在使用充电桩充电时，充电桩指示灯亮，充电器电源工作灯亮，车辆无法充电。

可能原因：动力蓄电池控制器故障、动力蓄电池故障、通信故障。

处理方法：根据上述故障现象，充电桩和充电器工作指示灯正常，第1个检查对象应为通信和动力蓄电池内部。用故障检测仪检测故障码及数据流，读出故障码：P1048（SOC过低保护故障）、P1040（电池单体电压欠压故障）、P1046（电池电压不均衡保护故障）、P0275（电池电压不均衡保护故障）；读出数据流：动力蓄电池单体电芯最低电压为2.56V、动力蓄电池单体电压差大于500mV时动力蓄电池管理系统（BMS）启动充、放电保护而无法充电，更换动力蓄电池单体电芯，动力蓄电池故障解除，车辆恢复充电。

分析：动力蓄电池具备充电的条件如下。

(1) 充电桩与充电器或快充桩与动力蓄电池的通信要匹配。

(2) 车载充电器要能正常工作，无故障。

(3) 整车控制器与充电器、动力蓄电池控制器通信要正常。

(4) 唤醒信号要正常。

(5) 整车控制器和动力蓄电池控制器的信号要正常。

(6) 单体电芯之间电压差小于500mV。

(7) 高压电路无绝缘故障。

(8) 动力蓄电池内部温度在充电的温度范围内。

2. 充电时充电桩跳闸

现象：车辆在使用充电桩充电时，出现充电桩跳闸，充电器无法充电。

可能原因：充电器内部短路。

处理方法：检查充电桩交流220V电压、充电桩CP线与充电器连接正常，再检查充电线束、高压线束、充电器、动力蓄电池的绝缘均正常，更换充电器，故障排除。

分析：因为此车的故障现象是充电桩跳闸，说明唤醒信号和互锁电路正常，基本可以断定是充电器内部短路故障。

3. 充电器指示灯不亮

现象：车辆在使用充电桩充电时，充电器指示灯不亮，车辆无法充电。

可能原因：充电器内部故障、充电唤醒信号中断或互锁电路故障。

处理方法：检查FU低压熔断丝盒内的蓄电池充电熔断丝和充电器低压电源，将万用表旋到直流电压挡测量充电器低压电源正常，再检查充电系统连接插件无退针、锈蚀现象，更换充电器，故障排除。

分析：检查充电器低压供电正常，而充电工作指示灯都不亮，基本确定为充电器内部故障。

拓展知识

1. 电动汽车的充电步骤

(1) 将纯电动汽车断电,打开充电口盖,此时电机转速表上的充电指示灯点亮,车辆在打到"ON"挡时也不会行驶。充电过程中,电机转速表中的充电指示灯一直处于点亮状态,只有拔下充电插头并关闭充电门板后,充电指示灯才会熄灭。

(2) 将充电插头与车辆上的充电插座进行连接。

(3) 将充电插头的另一端与充电桩上的充电插座进行连接,刷卡后,车载充电机将开始对动力蓄电池充电。或者将家用插头插入 220V/16A 的插座进行充电。

2. 纯电动汽车充电时的注意事项

(1) 将电量很低的动力蓄电池充至满电状态,使用 220V 交流电一般需要 7h。

(2) 充电时间的长短也取决于动力蓄电池的荷电状态(SOC),荷电状态较高时充电时间较短,荷电状态较低时充电时间较长。

(3) 充电过程中要查看动力蓄电池电量是否已经充满,只需将钥匙打到"ACC"或者"ON"挡,即可从仪表盘上读出。

(4) 当指针指示在 100% 时,表明动力蓄电池已经充满电。当指针未指示在 100% 附近时,说明动力蓄电池尚未充至满电状态。

评价反馈

考核内容与评分标准见表 3-2-6。

考核内容与评分标准　　　　　　　　　　表 3-2-6

考核项目		考核内容	评分标准	分数	小组互评	教师评价	得分
理论考核(60%)		采用笔试形式,在每个任务结束时实施,考核内容是结构与原理、安装与调试等	选择题30%;判断题30%;填空题20%;简答题20%	60			
实操考核(40%)	过程考核(20%)	团队合作、活动参与	是否和谐	2			
		安全规范操作	有无安全隐患	2			
		现场8S(整理、整顿、清理、清扫、安全、服务、素养、节约)	是否做到	2			
		制订安装与调试作业实施计划	方案是否正确、合理	2			
		操作过程	1. 学生8人一组,在电气学习训练区完成实训任务,教师及小组互检评分; 2. 每人撰写实训报告并在小组进行交流,根据在小组活动中的表现进行小组互评	12			

续上表

考核项目		考核内容	评分标准	分数	小组互评	教师评价	得分
实操考核（40%）	结果考核（20%）	任务完成情况	是否圆满完成	10			
		工具、设备使用	是否规范、标准	5			
		劳动纪律	是否能严格遵守	3			
		工作页填写	是否完整、规范	2			
合计		教师签名：	年　月　日				

项目四 电动汽车驱动电机系统安装与检测

任务1 驱动电机系统的认知

学习目标

完成本学习任务后,你应当能够:
1. 叙述电动汽车驱动电机的作用、类型和特点;
2. 叙述电动汽车电机控制器的功能和原理;
3. 辨识电动汽车驱动电机的型号;
4. 叙述电动汽车驱动电机系统的组成部分。

任务书

实训任务工单见表4-1-1。

实训任务单　　　　　　　　　　　　　　　表4-1-1

专业班组		班长		日期	
实训任务		驱动电机系统的认知			
检查意见:					
签字:					

任务分组

学习任务分配见表4-1-2。

学生任务分配表　　　　　　　　　　　表 4-1-2

班级		组号		指导老师	
组长		学号			
组员	姓名		学号	姓名	学号
任务分工					

获取信息

引导问题 1：驱动电机在电动汽车上的作用是什么？

_____

_____

_____

小提示 1：

电机是将电能转换成机械能或将机械能转换成电能的装置，它具有能做相对运动的部件，是一种依靠电磁感应而运行的电气装置。驱动电机是为车辆行驶提供驱动力的电动机，是纯电动汽车的唯一动力源，可向外输出转矩，驱动汽车前进、后退；同时，也可以作为发电机发电（例如，在高坡下滑、高速滑行以及制动过程中把势能或者动能通过电机转化为电能）。图 4-1-1 所示为驱动电机的示意图。

驱动电机负责给整车提供驱动的力量，是电动汽车驱动系统的核心部件之一，安装位置如图 4-1-2 所示。

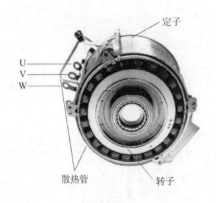

图 4-1-1　驱动电机结构示意图

图 4-1-2　驱动电机安装位置示意图

驱动纯电动汽车和混合动力电动汽车的电机需要在各个转速下均能够产生转矩。图4-1-3所示为汽车驱动用电机的转速与转矩之间的关系，这种曲线被称为转速-转矩曲线。汽车用驱动电机在中速以下时要求恒定功率输出，转矩与速度组合决定电机的运转情况，根据坡道起步、急加速、行驶区域、高速巡航等不同的行驶状态，会发生很大的变化。

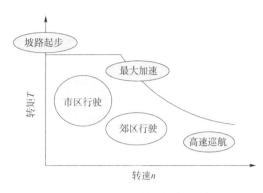

图4-1-3　驱动电机转速与转矩要求

❓ **引导问题2**：电动汽车驱动电机具有哪些特点？

💡 **小提示2**：

电动汽车用驱动电机的特点如下。

1. 体积小、功率密度大

由于电动汽车的整车空间有限，因此要求驱动电机的结构紧凑、尺寸要小。这就意味着电机系统（驱动电机+电机控制器）的尺寸将受到很大的限制，电机设计厂家必须想尽办法缩小驱动电机的体积，即提高电机的功率密度和转矩密度。尤其是民用的乘用车，对电机的体积限制要求很高，因此，业内一般选用高功率密度的永磁同步电机作为驱动电机。

2. 效率高、高效区广、质量轻

电动汽车驱动电机的另外一个特点就是效率要高、高效区要广、质量要轻。续驶里程一直是电动汽车的短板，而提升续驶里程的方法就是提升驱动电机的效率，保证每一度电都能发挥最大的用处。驱动电机的高效工况区要够广，保证汽车在大部分工况下都是处于高效状态。减轻电机质量，也能间接降低整车的功耗，实现续驶里程提升，如图4-1-4所示。

3. 安全性与舒适度

基于汽车用户的体验，电动汽车驱动电机还需关注电机自身的安全性和舒适度。安全性可以理解成驱动电机的可靠性，即驱动电机在恶劣环境下能否正常工作。可通过高低温箱试验来进行安全性能检测。舒适度，即驱动电机在运行时是否会对驾驶员产生体验上的不适，关注的是驱动电机运行时的振动和噪声情况，如图4-1-5所示。

图4-1-4　提升续驶里程的方法　　　　图4-1-5　提升安全性与舒适性度的方法

引导问题 3：电动汽车上采用的驱动电机有哪些类型？

_____

_____

小提示 3：

1. 电动汽车用驱动电机的类型

电机从很早以前就已经实用化，并且产品种类、形式也越来越丰富。按照电机电源供给进行的分类，主要包括以下几种类型。

1）直流电机

直流电机是输出或输入为直流电能的旋转电机，它是能实现直流电能和机械能互相转换的电机。

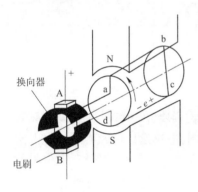

图 4-1-6　直流电机基本结构示意图

图 4-1-6 所示为直流电机基本结构示意图，它的固定部分（定子）上，装设了一对直流励磁的静止的主磁极 N 和 S，在旋转部分（转子）上装设电枢铁芯。定子与转子之间有一气隙。在电枢铁芯上放置了由 A 和 X 两根导体连成的电枢线圈，线圈的首端和末端分别连到两个圆弧形的铜片上，此铜片称为换向片。换向片之间互相绝缘，由换向片构成的整体称为换向器。换向器固定在转轴上，换向片与转轴之间亦互相绝缘。在换向片上放置着一对固定不动的电刷 B_1 和 B_2，当电枢旋转时，电枢线圈通过换向片和电刷与外电路接通。

2）交流异步电机

交流异步电机，又称"感应电动机"，定子及转子为独立绕组，双方通过电磁感应来传递力矩，其转子以低于/高于气隙旋转磁场转速旋转的交流电机。转子是可转动的导体，通常多呈鼠笼状，如图 4-1-7 所示。

异步电机的笼型导体是将棒状的导体排布在圆周上，在端部通过圆环短路。异步电机的内侧为线槽，在其内部缠绕绕组，绕组由 U、V、W 三组构成三相分布绕组。图 4-1-8 所示为感应电机绕组。

三相笼型异步电机工作原理

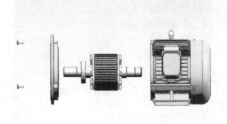

图 4-1-7　异步电机

图 4-1-8　感应电机绕组

三相分布绕组接通三相交流电流以后产生旋转磁场,通过磁场旋转移动,转子导体棒横穿磁场,根据右手法则,在转子内产生电动势,该电动势使得电流在转子导体内流动,再按照左手法则,由转子导体的电流与定子的励磁产生力,产生转矩。异步电机的主要特点是转子与定子磁场变化之间存在转速差。

3) 永磁同步电机

永磁同步电机是指转子采用永磁材料励磁的同步电机,如图4-1-9所示。

电机的转子为永磁磁体,转子磁体的 N 极、S 极随着定子绕组的旋转磁场磁极的移动而旋转。磁场产生磁通量,电枢完成电能与机械能的转换。

永磁同步电机主要是由转子、端盖以及定子等各部件组成的。一般来说,永磁同步电机最大的特点是它的定子结构与普通的感应电机的结构非常相似,主要是区别于转子的独特的结构与其他电机形成了差别。和常用的异步电机的最大不同则是转子的独特的结构,在转子上放有高质量的永磁体磁极。由于在转子上安放永磁体的位置有很多选择,所以永磁同步电机通常会被分为三大类:内嵌式(IPM)、面贴式(SPM)以及插入式,如图4-1-10所示。

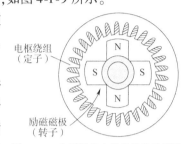

图4-1-9 永磁同步电机的结构示意图

a) 面贴式　　b) 内嵌式　　c) 插入式

图4-1-10 永磁同步电机转子断面

永磁同步电机工作原理

用于汽车驱动的永磁同步电机几乎都为旋转磁极式,转子使用永磁体。此外,同步电机开环控制容易产生脱离同步运转的情况,因此,需要对转子的磁极位置进行检测,根据磁极的变化改变定子三相电缆电流的供给。

永磁同步电机由于转子是永磁体励磁,随着转速的升高,电压会逐渐达到逆变器所能输出的电压极限,这时要想继续升高转速,只有靠调节定子电流的大小和相位增加直轴去磁电流来等效弱磁提高转速,电机的弱磁能力大小,主要与直轴电抗和反电势大小有关,但永磁体串联在直轴磁路中,所以直轴磁路一般磁阻较大,弱磁能力较小,电机反电势较大时,也会降低电机的最高转速。

4) 开关磁阻电机

开关磁阻电机是采用定转子凸极且极数相接近的大步距磁阻式步进电机的结构,利用转子位置传感器通过电子功率开关控制各相绕组导通使之运行的电机。凸极式转子结构就是转子的直轴磁阻大于交轴磁阻,表现为凸极电机的性质。这样,电机电磁转矩的组成就类似于普通的凸极永磁同步电机,由永磁转矩和磁阻转矩组成。然而,永磁磁阻式同步电机的电磁转矩又和普通凸极永磁同步电机有所不同,普通的凸极永磁同步电机的永磁磁场非常强,占转矩的主要成分,但同时也造成了高速弱磁的困难。而在永磁磁阻式同步电机中,永磁含有量较小,永磁的主要作用是励磁、提高功率因数、效率和较小逆变器的容量。由于永磁磁通量较小,因此弱磁容易,有很高的恒功率比范围,如图4-1-11所示。

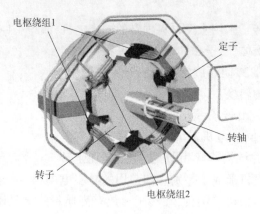

图4-1-11 开关磁阻电机结构示意图

开关磁阻电机控制原理

永磁磁阻式同步电机永磁含有量较小,因此弱磁容易,可以很方便地解决永磁电动机的恒功率调节问题。

2. 常见品牌电动汽车驱动电机举例

1) 特斯拉驱动电机

特斯拉纯电动汽车的驱动电机为自主研发的三相交流感应电机(图4-1-12),拥有最优的缠绕线性,能极大减小阻力和降低能量损耗。同时,相对整车,其驱动电机体积非常小。

通过高性能信号处理器将制动、加速、减速等需求转换为数字信号,控制转动变频器将蓄电池组的直流电与交流电相互转换,以带动三相感应电动机提供汽车动力。

2) 北汽电动汽车驱动电机

图4-1-13所示为北汽电动汽车的驱动电机。

图4-1-12 特斯拉驱动电机

图4-1-13 北汽电动汽车驱动电机

驱动电机控制方式为:驱动电机控制器将动力蓄电池提供的直流电转化为交流电,然后输出给电机;通过电机的正转来实现整车加速、减速;通过电机的反转来实现倒车。驱动电机控制器通过有效的控制策略,控制动力总成以最佳方式协调工作。

3)比亚迪纯电动汽车驱动电机

比亚迪的纯电动汽车使用的驱动电机为交流无刷永磁同步电机,具有高密度、小型轻量化、高效率、高可靠性、高耐久性、强适应性等优点,如图4-1-14所示。

驱动电机通过采集电机旋变信号进行工作。当车辆要行驶时,电机通过旋转变压器检测到电机的位置,位置信号通过控制器的处理,发送相关信号给控制器IGBT,逻辑信号控制IGBT开断,控制器输出近似正弦波交流电。

4)荣威E50纯电动汽车驱动电机

荣威E50纯电动汽车使用的驱动电机也是交流同步电机,电机总成采用油冷的方式冷却。

图4-1-14 比亚迪E6驱动电机

定子是由三相绕组构成的回路,三相绕组分别为U、V、W,以星形方式连接。星形连接方式的特点是每个回路都连接在同一个端点,车辆的高压电缆分别连接到电机的每个绕组上。

驱动电机转子的两端都由轴承支撑,定子产生磁场,并推动转子实现顺时针或逆时针的转动。

 引导问题4:电动汽车驱动电机和电机控制器的命名方式是什么?

____

____

____

 小提示4:

1. 驱动电机型号命名

1)驱动电机型号组成

驱动电机型号由驱动电机类型代号、尺寸规格代号、信号反馈元件代号、冷却方式代号、预留代号五部分组成,如图4-1-15所示。

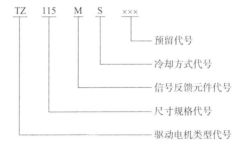

图4-1-15 驱动电机型号组成

2)驱动电机类型代号

KC——开关磁阻电机;

TF——方波控制型永磁同步电机;

TZ——正弦控制型永磁同步电机；

YR——异步电机(绕线型)；

YS——异步电机(笼型)；

ZL——直流电机。

其他类型驱动电机的类型代号由制造商参照现行《旋转电机产品型号编制方法》(GB/T 4831)进行规定。

3)尺寸规格代号

一般采用定子铁芯的外径来表示，对于外转子电机，采用外转子铁芯外径来表示。

4)信号反馈元件代号

M——光电编码器；

X——旋转变压器；

H——霍尔元件。

无传感器不必标注。

5)冷却方式代号

S——水冷方式；

Y——油冷方式；

F——强迫风冷方式。

非强迫冷却方式(自然冷却)不必标注。

6)预留代号

用英文大写字母或阿拉伯数字组合，其含义由制造商自行确定。比亚迪汽车驱动电机铭牌如图4-1-16所示。

2.驱动电机控制器型号命名

1)驱动电机控制器型号组成

驱动电机控制器型号由驱动电机控制器类型代号、工作电压规格代号、信号反馈元件代号、工作电流规格代号、冷却方式代号、预留代号六部分组成，如图4-1-17所示。

图4-1-16 比亚迪纯电动汽车驱动电机铭牌

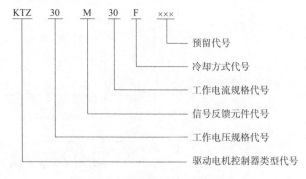

图4-1-17 驱动电机控制器型号组成

2)控制器类型代号

用电机类型代号前加"K"字母来表示。

3）工作电压规格代号

用驱动电机控制器的标称直流电压除以"10"再圆整后的数值来表示。最少以两位数值表示,不足两位的,在十位上冠以 0。若为交流供电,电压值均需折算至直流值。输入电压的单位为伏特(V)。

4）信号反馈元件代号

M——光电编码器;

X——旋转变压器;

H——霍尔元件。

无传感器不必标注。

5）工作电流规格代号

用驱动电机控制器最大工作电流的有效值除以"10"再圆整后的数值来表示。最少以两位数值表示,不足两位的,在十位上冠以 0。输出电流的单位为安培(A)。

6）冷却方式代号

S——水冷方式;

Y——油冷方式;

F——强迫风冷方式。

非强迫冷却方式(自然冷却)不必标注。

7）预留代号

用英文大写字母或阿拉伯数字组合,其含义由制造商自行确定。比亚迪汽车驱动电机控制器铭牌如图 4-1-18 所示。

图 4-1-18　比亚迪纯电动汽车驱动电机控制器铭牌

 引导问题 5:电动汽车电机控制器的功能和原理是什么?

_____

_____

_____

 小提示 5:

1. 驱动电机控制器功能

驱动电机控制器是驱动电机系统的控制中心,又称智能功率模块,通常简称为 MCU。MCU 的主要功能是控制电机的旋转速度、旋转方向以及再生能量回收。此外,电机控制器还要对电流传感器、电压传感器、温度传感器等输入信号进行处理,并将驱动电机系统的运行状态通过 CAN 总线发送给整车控制器。

2. 驱动电机控制器结构

驱动电机控制器以 IGBT 模块为核心,主要由控制板、冷却水道、UVW 高压插件、直流高压插件、IGBT 模块及驱动板组成,如图 4-1-19 所示。

驱动电机控制器内部设有故障诊断电路,当诊断出系统异常时会激活一个错误代码,发送给整车控制器,同时也会存储该故障码和数据。

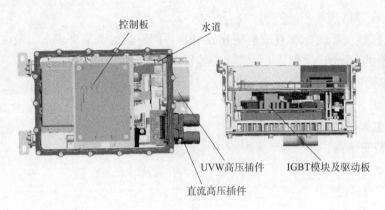

图 4-1-19 驱动电机控制器结构

3. 驱动电机控制器原理

驱动电机控制器是通过调节电压大小、频率高低、相位变化等参数来控制电机的运转,即通过相应的电力转换来控制电机工作。所谓的电力转换就是直流与交流、电压与频率的转换。电力转换形式有交流→直流转换、直流→交流转换、直流→直流转换和交流→交流转换。

驱动电机控制器接收挡位开关、加速踏板位置、旋转变压器、制动等信号,经过判断和逻辑运算之后控制电机的正反转以及转速,驱动电机控制器工作框架如图 4-1-20 所示。驱动电机控制器内部主要包括控制电路板和驱动电路板两部分。控制电路板以信号采集、旋变解码、模数转换以及 CAN 通信功能为主,并计算出所需占空比,产生 PWM 信号。驱动电路板以电源控制、功率调节为主,通过 IGBT 向驱动电机输送 U、V、W 三相交流电。

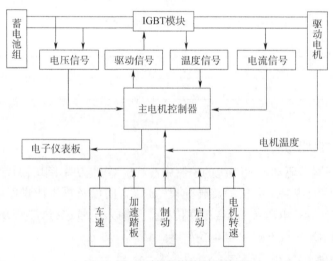

图 4-1-20 驱动电机控制器原理框图

驱动电机控制器原理

IGBT 是由双极型三极管(BJT)和绝缘栅型场效应管(MOS)组成的复合全控型电压驱动式功率半导体器件。与其他电子元器件相比,IGBT 具有输入阻抗高、开关速度快、驱动电路简单、承受电压高、导通电流大等优点,已经广泛用于各种变频器和调速电路中。IGBT 控制电路如图 4-1-21 所示。

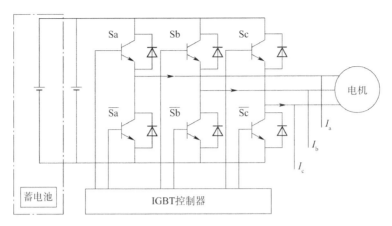

图 4-1-21　IGBT 控制电路

电动汽车驱动电机控制器主要是通过 PWM 的方式控制 IGBT 工作,从而将电流从 DC 转换到 AC(蓄电池到驱动电机)或者从 AC 转化到 DC(驱动电机到蓄电池)。

4. 逆变器与变频器

1)逆变器

逆变器是把直流电能转变成交流电。它一般由逆变桥、控制逻辑和滤波电路组成。

逆变器结构

2)变频器

变频器是通过改变电机工作频率方式来控制电机的电力控制设备。一般由整流、滤波、逆变、制动单元、驱动单元、检测单元、微处理单元等组成。

任务实施

引导问题 6:简述电动汽车驱动电机系统的组成部分。

_____
_____
_____

小提示 6:

电动汽车驱动电机系统主要由驱动电动机(DM)和电机控制器(MCU)组成,电机系统通过高低压线束、冷却管路与整车其他系统进行连接,如图 4-1-22 所示。

驱动电机作为动力源向外输出转矩,驱动车辆前进或后退。根据车辆不同的运行状态,电动汽车的驱动电机具有电力驱动和能量回收两种工作模式。

当车辆采用电力驱动时,动力蓄电池的高压直流电输送至电机控制器,电机控制器将直流电转换为交流电输送给驱动电机,电机运转时产生的转矩传递给驱动轮使车辆行驶,如图 4-1-23 所示。

在再生能量阶段,通过车轮的旋转带动电机转动。此时,电动机转为发电机的功能,由电机控制器将电机产生的交流电转为直流电,然后向动力蓄电池充电,如图 4-1-24 所示。

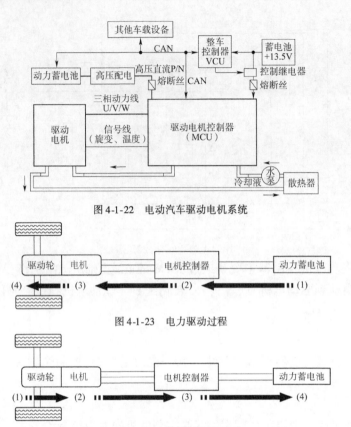

图4-1-22 电动汽车驱动电机系统

图4-1-23 电力驱动过程

图4-1-24 能量回收过程

1)驱动电机

电动汽车驱动电机除了常见的定子、转子外,还有水道、旋转变压器、高压接线盒等其他部件,如图4-1-25所示。

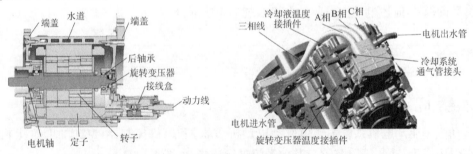

图4-1-25 驱动电机

2)电机冷却系统

电机的散热方式主要有自然冷却和液体冷却两种,电动汽车普遍采用液体冷却方式,俗称水冷。

电动汽车电机冷却系统与传统燃油车的冷却系统很相似,只是水泵为电子式,由12V电源驱动其运转。

判断驱动电机的发热程度是用"温升"而不是用"温度"来衡量的,当"温升"突然增大或超过最高工作温度时,说明电机已发生故障。因电动汽车的驱动电机和驱动电机控制器需要完全密封,因此,需要在电机中安装温度传感器来检测电机的实时运动状态。

驱动电机极限工作温度是由其绝缘材料的耐热等级来决定的,电机温度传感器通常采用内埋的方式布置在电机定子线圈内部,采用 NTC 负温度系数热敏电阻检测驱动电机的工作温度,并作为控制电子水泵是否运转的主要依据。

驱动电机温度过高时可能导致驱动电机严重损坏,当出现这种情况时应立即靠边停车。驱动电机温度过高后车辆会进入跛行模式,限制转矩输出或强制停机。以北汽 EV160 车型为例,当电机控制器检测到驱动电机温度传感器显示 120℃≤温度＜140℃时,降功率运行;温度≥140℃时,降功率至 0,即停机状态。

3）旋转变压器

旋转变压器是一种电磁式传感器,又称作同步分解器,简称旋变。用来测量驱动电机的转轴角位移和角速度。由励磁绕组、余弦绕组和正弦绕组 3 个线圈组成。

评价反馈

考核内容与评分标准见表4-1-3。

考核内容与评分标准　　　　　　　　　　　　表 4-1-3

考核项目		考核内容	评分标准	分数	小组互评	教师评价	得分
理论考核（60%）		采用笔试形式,在每个任务结束时实施,考核内容是结构与原理、安装与调试等	选择题30%；判断题30%；填空题20%；简答题20%	60			
实操考核（40%）	过程考核（20%）	团队合作、活动参与	是否和谐	2			
		安全规范操作	有无安全隐患	2			
		现场 8S（整理、整顿、清理、清扫、安全、服务、素养、节约）	是否做到	2			
		制订安装与调试作业实施计划	方案是否正确、合理	2			
		操作过程	1. 学生 8 人一组,在电气学习训练区完成实训任务,教师及小组互检评分； 2. 每人撰写实训报告并在小组进行交流,根据在小组活动中的表现进行小组互评	12			
	结果考核（20%）	任务完成情况	是否圆满完成	10			
		工具、设备使用	是否规范、标准	5			
		劳动纪律	是否能严格遵守	3			
		工作页填写	是否完整、规范	2			
合计		教师签名：	年　　月　　日				

电动汽车电气系统安装与调试

任务 2　驱动电机总成安装与检测

 学习目标

完成本学习任务后,你应当能够:
1. 叙述电动汽车驱动电机总成安装检测的注意事项;
2. 在教师的指导下,拆装电动汽车驱动电机总成;
3. 在教师的指导下,检测电动汽车驱动电机定子绕组的技术参数;
4. 在实训中能够实施现场8S,正确使用工量具。

实训任务单见表 4-2-1。

实 训 任 务 单　　　　　　　　　　表 4-2-1

专业班组		班长		日期	
实训任务	安装与检测电动汽车驱动电机总成					
检查意见:					
签字:					

📖 任务分组

学生任务分配见表 4-2-2。

学生任务分配表　　　　　　　　　　表 4-2-2

班级		组号		指导老师	
组长		学号			
组员	姓名		学号	姓名	学号
任务分工					

86

获取信息

❓ **引导问题1**：拆装驱动电机总成需要做哪些准备？

_____
_____

💡 **小提示1**：

拆装电机总成的准备工作如下。
(1)防护装备：防护用品一套(工作服、绝缘劳保鞋、护目镜、绝缘头盔、绝缘手套)。
(2)车辆、台架、总成：纯电动汽车一辆。
(3)专用工具、设备：拆装专用工具。
(4)手工工具：电动汽车维修组合工具。
(5)辅助材料：高压电维修警示牌和设备、绝缘地胶、二氧化碳类型灭火器、清洁剂。
警告：不要试图分解电机总成，避免造成人身伤害及损坏电机。

❓ **引导问题2**：拆卸驱动电机总成时有哪些安全注意事项？

_____
_____

💡 **小提示2**：

电动汽车系统使用高压电路，不正确的操作可能导致电击或漏电。所以，在检修过程中拆卸、检查、更换零件时，必须注意下列事项：
(1)检修前必须熟悉车辆说明书和电源系统说明书。
(2)操作高压系统时断开电源。断开电源时注意，通常断开高压或辅助电源，系统内故障码有可能会被清除，所以须首先检查故障码后再断开电源。
(3)断开电源后放置车辆5min，需要对车辆系统内的高压电容器进行放电。
(4)佩戴绝缘手套，并确保绝缘手套没有破损(注意：不要戴湿手套)。
(5)高压电路的线束和连接器通常为橙色，高压零部件通常贴有"高压"警示，操作这些线束和附件时需要特别注意。
(6)对高压系统进行操作时，在旁边放置"高压工作，请勿靠近"的警告牌。
(7)不要携带任何类似卡尺或测量卷尺等的金属物体，因为这些物件可能掉落从而引起短路。
(8)拆下任何高压配线后，立刻用绝缘胶带将其绝缘。
(9)一定要按规定力矩将高压螺钉端子拧紧。力矩不足或过量都会导致故障。
(10)完成对高压系统的操作后，应再次确认在工作台周围没有遗留任何零件或者工具以及确认高压端子已经拧紧并和连接器连接。
注意：
(1)检查驱动电机绝缘性时一定要断开高低压电，断开插接件时注意安全。

（2）对纯电动汽车高压部件进行维护作业前，必须做好高压安全防护准备工作。

任务实施

引导问题3：拆装纯电动汽车威马EX5驱动电机总成的注意事项和步骤有哪些？

_____

_____

_____

💡 小提示3：

1. 驱动电机总成拆卸顺序

警告：

（1）在拆卸此电动汽车时应先阅读安全注意事项。

（2）断开蓄电池负极电缆后等待15min。

（3）拆卸、检修具有高压电的配件时应准备齐高压防护用品（绝缘鞋、绝缘手套、绝缘钩、绝缘垫）。

注意：

（1）拆卸或安装水管环箍时都应使用专用的环箍钳。

（2）拔下线束时，严禁拉扯线束，应通过拉拔插件将线束取下。

拆卸驱动电机总成的前序步骤如下：

打开前机舱盖→回收制冷剂→断开蓄电池负极搭铁线→拆卸维修开关，等待3min→拆卸前机舱储物盒总成→举升车辆→拆卸左、右前轮→拆卸前机舱底部前护板→排放减速器油→拆卸驱动电机总成。

拆卸驱动电机总成的步骤见表4-2-3。

驱动电机总成拆卸步骤　　　　　　　　　　　　表4-2-3

序号	操作步骤	示意图
1	待冷却液温度低时，打开膨胀水箱盖，释放冷却系统压力，排放冷却液。 注意：冷却液高温时，不要执行该操作以免造成烫伤。 拆卸车载充电机。 拆卸动力控制器总成。 拆卸蓄电池托盘。 拆卸前机舱储物盒固定支架上的空调低压管1个固定螺栓	
2	拆卸动力控制器总成上盖板7个固定螺钉。 注意：对PCU壳体内的接线端子进行电压测量，若电压值满足低于36V安全电压，再进行后续操作。对拆卸完的PCU要进行防尘防水处理，拆卸完成后及时用堵盖对接线口及低压线束接线密封	

续上表

序号	操作步骤	示意图
3	拆卸 DC/DC 直流高压母线总成 2 个固定螺钉	
4	拆卸 DC/DC 直流高压母线总成 2 个固定螺钉,脱开直流高压母线线束总成	
5	断开驱动电机低压线束连接器	
6	拆卸高压加热器供电线线束连接器	
7	断开压力开关线束连接器	
8	拆卸电动压缩机。 拆卸高压直流充电线带插座总成。 拆卸水箱下水管	

续上表

序号	操作步骤	示意图
9	拆卸空调补水管。 拆卸 DC/DC 负极输出线总成 1 个固定螺钉（右悬置支架处）	
10	断开右侧冷却液温度传感器线束连接器。 拆卸电动水泵。 断开真空泵线束连接器	
11	拆卸真空泵上的真空管 1 个卡扣。 拆卸真空泵上的真空管，脱开真空管	
12	拆卸左、右等速驱动轴总成。 拆卸后悬置总成。 放置举升平台车。 拆卸左悬置总成。 拆卸右悬置总成。 缓慢降下举升平台车。 拆卸驱动电机及减速器总成。 拆卸左悬置支架。 拆卸动力总成线束支架上的线束卡扣	
13	拆卸动力总成线束支架 2 个固定螺钉，取下动力总成线束支架	

续上表

序号	操作步骤	示意图
14	拆卸真空泵支架。 拆卸动力线束支架 1 个固定螺钉及卡扣(压缩机支架处)	
15	拆卸压缩支架 4 个固定螺钉,取下压缩机支架	
16	拆卸电机高压相线总成 3 个固定螺钉与 3 个连接螺钉	
17	拆卸动力控制器总成 5 个固定螺栓	
18	拆卸动力总成右集成支架 3 个固定螺栓,2 个固定螺钉,取下动力总成右集成支架	
19	拆卸电机线束盖板 8 个固定螺栓	

续上表

序号	操作步骤	示意图
20	拆卸电机高压相线总成3个固定螺钉与3个连接螺钉,取下电机高压相线总成	
21	拆卸下减速器总成	

2. 驱动电机总成安装程序

驱动电机总成安装插接时注意"一插、二响、三确认"原则。

驱动电机总成安装步骤见表4-2-4。

驱动电机总成安装步骤　　　　　表4-2-4

序号	操作步骤	示意图
1	安装动力总成右集成支架及3个固定螺栓、2个固定螺钉。 螺钉力矩:55N·m(公制)。 螺钉力矩:55N·m(公制)	
2	安装电机高压相线总成及3个固定螺钉与3个连接螺钉。 力矩:11.5N·m(公制)	
3	安装电机线束盖板8个固定螺钉。 力矩:2.5N·m(公制)	

续上表

序号	操作步骤	示意图
4	安装动力控制器总成及5个固定螺钉。 力矩:21N·m(公制)	
5	安装电机高压相线总成及3个固定螺钉与3个连接螺钉。 力矩:11.5N·m(公制)	
6	安装压缩支架及4个固定螺钉。 力矩:26.1N·m(公制)	
7	安装动力线束支架及1个固定螺钉及卡扣(压缩机支架处)	
8	连接驱动电机低压线束连接器。 安装左悬置支架。 安装真空泵支架。 安装动力总成线束支架及2个固定螺钉。 力矩:13N·m	
9	安装动力总成线束支架上5个线束卡扣。 注意:该塑料卡扣为一次性使用,拆卸后需要换用新卡扣	

续上表

序号	操作步骤	示意图
10	安装右悬置总成、左悬置总成。 举升车辆,复位驱动电机。 安装左悬置总成固定螺钉与右悬置总成固定螺钉。 安装后悬置总成。 安装车载充电机。 安装左、右等速驱动轴总成。 安装真空泵上的真空管及固定卡扣。 连接真空泵线束连接器	
11	安装电动水泵。 安装动力水泵。 安装 DC/DC 负极输出线总成 1 个固定螺钉(右悬置支架处)。 力矩:9.5N·m(公制)	
12	安装高压直流充电线带插座总成。 安装电动压缩机总成。 安装水箱下水管	
13	连接压力开关线束连接器	
14	连接高压加热器供电线线束连接器	
15	连接驱动电机低压线束连接器	

续上表

序号	操作步骤	示意图
16	安装 DC/DC 直流高压母线总成及 2 个固定螺钉	
17	安装 DC/DC 直流高压母线总成及 2 个固定螺钉	
18	安装前机舱储物盒 2 个固定支架。 安装前舱储物盒固定支架上的空调低压管 1 个固定螺钉。 安装蓄电池托盘。 安装动力控制器总成(集成 DC/DC)	

后续步骤:排放减速器油→安装前机舱底部前护板→降下车辆→安装左、右前轮→安装维修开关→连接蓄电池负极搭铁线→安装前机舱储物盒总成→加注冷却液(冰点≤-40℃)→加注制冷剂→关闭前机舱盖。

引导问题 4:电动汽车驱动电机有哪些性能评价参数？如何检测？

小提示 4：

1. 驱动电机主要技术性能评价参数

1)电量参数
包括电压、电流、功率、频率、相位、阻抗、介电强度、谐波等。
2)非电量参数
包括转速、转矩、温度、噪声、振动等。
通过这些参数,能够了解电机运行时的工作特性,对被测电机进行性能评价。

2. 驱动电机基本电量参数的检测

要测量驱动电机的电量参数,就要关注最基本的电量参数:电压、电流、功率、频率、相位。这些参数是通过电子测量仪器进行测量的,根据测量项目的不同,一般会用到电压表、电流表、功率表、频率表等各种仪表。实际上,当前的电流参数测量技术非常成熟,通常使用功率分析仪(或功率计)即可满足电机所有基本电量参数的测量需求。

功率分析仪实际上是电压表、电流表、功率表和频率表的有机融合,它实现了高精度的电压、电流、频率、相位实时采集,并实时运算出功率结果,可以为使用者提供精准的电机电量参数测试结果,且不同参数之间的采集在时基上是同步的,保证了数据的有效性。

3. 电机性能测试

电机性能的测量参数有负载特性测试、T-N 曲线、耐久测试、空载测试、堵转测试、启动电流。

1)负载特性测试

测试目的:负载试验的目的是确定电机的效率、功率因数、转速、定子电流等。

测试方法:用伺服电机给被测电机加载,从 150% 额定负载逐步降低到 25% 额定负载,在此期间至少选取 6 个测试点(必包含 100% 额定负载点),测取其电压、电流、功率、转矩、转速等参数并进行计算。

测试依据标准:《三相永磁同步电动机试验方法》(GB/T 22669—2008)第 8 章负载实验、《三相异步电动机试验方法》(GB/T 1032—2012)第 7 章负载特性实验。

从负载特性作用上看,主要是针对不同负载情况下电机特性的测试,保证电机在不同适用场合下仍能保持良好地运行,保证电机质量提高生产效率。

2) T-N 曲线的测试

测试目的:描绘出电机的转速、转矩关系特性曲线。

测试方法:控制被测电机的转速,测量从 0 转速到最高转速下,在不同转速点能输出的最大转矩,绘制出其关系曲线。

根据不同转速对应下的转矩来判断电机基本特性,直观地表现电机运行性能,更好地评估电机的运行状态。

3)耐久性测试

在测试软件中,可由用户设定电机按某个测试方案来进行耐久测试,如:设定被测电机以 80% 的额定转速运行 10min,之后暂停 5min,再以 120% 的额定转速运行 10min 等等。测试该运行过程中的电压、电流、效率、转矩、转速等关键信息。

引导问题 5:如何进行电动汽车驱动电机耐久性测试?

_____
_____
_____

小提示 5:

以荣威 E50 为例介绍驱动电机定子绕组的检测方法,其他车型可参考。

(1)拆下手动维修开关,等待 5min。

(2)用 T30 套筒对角拆下电力电子箱(PEB)上的 7 个螺钉。

(3)轻轻取出 PEB 盖板。

(4)将万用表旋至电阻挡,校正万用表。

(5)将万用表挡位旋至交流电压挡,测量 U、V、W 三相线束端子间电压。

警告:在进行电压测量时必须佩戴绝缘手套,并且一定要确保测量每个端子间的电压,确保每组电压值为 0V 或者 3V 以下才可以继续拆解。

(6)测量 U、V、W 三相线束端子与搭铁之间的电压。

(7)将万用表旋至直流电压挡,测量高压线束端子之间的电压。

(8)测量高压线束端子与搭铁之间的电压。

(9)用 10mm 长套筒拆下驱动电机线束固定螺钉。

(10)拆下电机线固定在 PEB 外壳上的 6 个螺钉,并抽出 3 根电机线束。

(11)使用万用表电阻挡,测量 U、V、W 三相线束端子间的电阻。测出的电阻值应相等或稍有偏差,若三相电阻差别较大,则说明电机可能有匝间短路。

(12)校正万用表。黑表笔与驱动电机壳体连接,将红表笔与车身搭铁点连接,观察万用表数值变化,测试壳体连通性。

(13)将红表笔分别与 U、V、W 三相线束连接,测试每一相和壳体之间的电阻数值,数值应不显示或为无限大,否则是对搭铁短路。

引导问题 6:检测电动汽车驱动电机定子绕组的方法是有哪些?

小提示 6:

以下以荣威 E50 为例介绍驱动电机定子绕组的测量方法,其他车型可参考(表 4-2-5)。

驱动电机绕组检测步骤和方法　　　　　　表 4-2-5

序号	操作步骤	示意图
1	拆下手动维修开关,等待 5min。 用 T30 套筒对角拆下 PEB 上的 7 个螺钉	
2	轻轻取出 PEB 盖板	

续上表

序号	操作步骤	示意图
3	将万用表旋至电阻挡,校正万用表	
4	将万用表挡位旋至交流电压挡,测量 U、V、W 三相线束端子间电压。 警告:在进行电压测量时必须佩戴绝缘手套,并且一定要确保测量每个端子间的电压,确保每组电压值为 0 或者 3V 以下才可以继续拆解	
5	测量 U、V、W 三相线束端子与搭铁之间的电压	
6	将万用表旋至直流电压挡,测量高压线束端子之间的电压	
7	测量高压线束端子与搭铁之间的电压	
8	用 10mm 长套筒拆下驱动电机线束固定螺钉	

续上表

序号	操作步骤	示意图
9	拆下电机线固定在PEB外壳上的6个螺钉,并抽出3根电机线束	
10	使用万用表电阻挡,测量U、V、W三相线束端子间的电阻。测出的电阻值应相等或稍有偏差,若三相电阻差别较大则说明电机可能有匝间短路	
11	校正万用表,将黑表笔与驱动电机壳体连接。将红表笔与车身搭铁点连接,观察万用表数值变化,测试壳体连通性	
12	将红表笔分别与U、V、W三相线束连接,测试每一相和壳体之间的电阻数值,数值应不显示或为无限大,否则,是对搭铁短路	

评价反馈

考核内容与评分标准见表4-2-6。

考核内容与评分标准　　　　　　　　表 4-2-6

考核项目	考核内容	评分标准	分数	小组互评	教师评价	得分
理论考核（60%）	采用笔试形式,在每个任务结束时实施,考核内容是结构与原理、安装与调试等	选择题30%；判断题30%；填空题20%；简答题20%	60			
实操考核（40%） 过程考核（20%）	团队合作、活动参与	是否和谐	2			
	安全规范操作	有无安全隐患	2			
	现场8S(整理、整顿、清理、清扫、安全、服务、素养、节约)	是否做到	2			
	制订安装与调试作业实施计划	方案是否正确、合理	2			
	操作过程	1. 学生8人一组,在电气学习训练区完成实训任务,教师及小组互检评分；2. 每人撰写实训报告并在小组进行交流,根据在小组活动中的表现进行小组互评	12			
结果考核（20%）	任务完成情况	是否圆满完成	10			
	工具、设备使用	是否规范、标准	5			
	劳动纪律	是否能严格遵守	3			
	工作页填写	是否完整、规范	2			
合计	教师签名：	年　　月　　日				

项目五 电动汽车动力冷却系统安装与调试

任务1 电动汽车动力冷却系统的组成与原理

> **学习目标**
>
> 完成本学习任务后,你应当能够:
> 1. 叙述电动汽车动力冷却系统的构成与作用;
> 2. 叙述电动汽车驱动装置冷却系统的结构及特点;
> 3. 分析动力蓄电池热管理系统的结构及其原理;
> 4. 实训过程中能够实施8S,进行团队合作。

任务书

实训任务单见表5-1-1。

实 训 任 务 单　　　　　　　表5-1-1

专业班组		班长		日期	
实训任务	电动汽车动力冷却系统的组成与原理					
检查意见:					
签字:					

任务分组

学生任务分配见表5-1-2。

学生任务分配表　　　　　　　　　　　　　表 5-1-2

班级		组号		指导老师	
组长		学号			
组员	姓名	学号		姓名	学号
任务分工					

获取信息

引导问题 1：纯电动汽车动力系统没有发动机,那么它的动力系统为什么需要冷却？混合动力电动汽车发动机和动力蓄电池都需要冷却吗？

_____

_____

小提示 1：

　　纯电动汽车使用的能源为电能。电能的存储、传输、转化的过程都用到哪些部件？这些部件的能源转换效率都不会是 100% 的,所以每一个环节都会产生不同的热量。对于混合动力电动汽车,发动机和电机都是动力系统的组成部分,同时根据工作模式的不同,电驱动系统在整个动力系统中的占比也不尽相同。电驱动为车辆辅助动力,且续驶里程较短的混合动力电动汽车,动力蓄电池系统可采用风冷或自然冷却。

　　不同的车辆动力设定,对应不同的冷却需求,同学们可以根据这个基本逻辑对实际车辆的冷却需求进行预估和判断。

引导问题 2：电动汽车驱动装置主要由哪几个部分组成？混合动力电动汽车电驱动部分由哪几部分组成？以上两种车辆驱动装置的相同点和区别分别是什么？

_____

_____

小提示 2：

　　纯电动汽车动力系统主要组成部分一般称为纯电动汽车三电系统,三电系统也是一台纯电动汽车的核心组成部分。

　　电动汽车在驱动与回收能量的工作过程中,电机定子铁芯、定子绕组在运动过程中都会产生损耗，这些损耗以热量的形式向外发散，需要有效的冷却介质及冷却方式来带走热量，保证电机在一个稳定的冷热循环平衡的通风系统中安全可靠运行。电机冷却系统直接影响电机的安全运行和使用寿命。

典型的电动汽车驱动装置冷却系统原理示意图如图 5-1-1 所示。

由于没有了发动机的旋转，为了保障冷却液的持续循环，电动汽车一般都会单独安装电动水泵。从散热风扇总成流出的经过冷却的循环液流经电动水泵，依次进入电机控制器、DC/DC 变换器、电机，在吸收以上驱动装置热能后，回到散热风扇总成中。当整个循环系统温度上升到设定值上限时，电子风扇总成开始工作，提高冷却液的降温速度。当循环回路中的液体降温到设定值下限时，电子风扇停止工作。

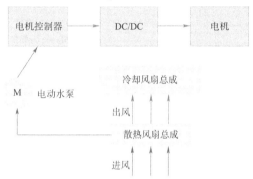

图 5-1-1　电动汽车驱动装置冷却系统原理示意图

任务实施

引导问题 3：纯电动汽车的驱动装置产生热量的冷却方式有哪些不同？不同的驱动装置在冷却循环回路上的串联顺序要满足什么要求？

小提示 3：

电机在工作时，总是有一部分损耗转变成热量，它必须通过电机外壳和周围介质不断将热量散发出去，这个散发热量的过程，称为冷却。电机主要冷却方式有自然冷却、风冷和水冷，各类型冷却系统组成和特点及应用见表 5-1-3。

电机冷却方式及适用范围　　　　　　　　　　　　　　　　表 5-1-3

序号	类　型	适　用　范　围
1	自然冷却	自然冷却依靠电机铁芯的热传递，散去电动机产生的热量，热量通过封闭的机壳表面传递给周围的介质，其散热面积为机壳的表面，为增加散热面积，机壳表面可增加冷却筋
		结构简单，不需要辅助设施就能实现，但是自然冷却效率较低，仅仅适用于转速低、负载小、发热量小的小型电机
2	风冷	电机自带同轴风扇来形成内部风路循环或者外部风路循环，通过风扇产生足够的风量，带走电机产生的热量。介质为电动机周围的空气，空气直接送入电动机内，吸收热量后向周围环境排出
		冷却效果好；可使用风冷却器，采用循环空气冷却避免腐蚀和磨损，有利于提高电机的使用寿命；结构相对较为简单，电动机冷却成本较低。但是受环境因素制约，在恶劣的工业环境中，例如高温、粉尘、污垢和恶劣的天气下则无法使用。风冷一般适用于较清洁、无腐、无爆炸环境下工作的电机

续上表

序号	类型	适用范围
3	水冷	水冷是将冷却液通过管道和通路引入定子或者转子空心或者空心导体内部,通过循环的冷却液不断流动,带走电机的热量,达到冷却电机的功能
		冷却效果比风冷更显著。但是,需要良好的机械密封装置,冷却液循环结构较为复杂,存在渗漏的隐患,如果发生冷却液渗漏,会造成电机绝缘破坏;水质需要经过处理,电导率、硬度、pH 值都有相应要求
		水冷方式适用于大型机组和高温、粉尘、污垢等无法使用自然冷却、风冷的场合

威马 EX5 动力冷却系统结构如图 5-1-2 所示。

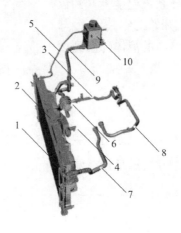

图 5-1-2 威马 EX5 动力冷却系统结构
1-散热器;2-冷却风扇;3-控制器进水管;4-车载充电机(OBC)进水管;5-散热器通气管;6-电动水泵;7-散热器进水管;8-控制器出水管;9-动力总成补水管;10-膨胀水箱

电动水泵由低压电路驱动,为冷却液的循环提供压力。威马 EX5 冷却系统由以下部件组成:车载充电机、动力控制器总成(集成 DC/DC)、电动水泵、膨胀水箱、散热器、散热器风扇。冷却系统的作用就是通过冷却液循环散热为电驱动桥总成(驱动电机)、车载充电机、动力控制器总成(集成 DC/DC)进行散热。动力冷却系统主要部件及功能见表 5-1-4。

动力冷却系统主要部件及功能表　　　　表 5-1-4

序号	部件名称	安装位置	主要任务
1	散热器总成	安装在前端模块总成	为冷却液散热,起到降温的效果

续上表

序号	部件名称	安装位置	主要任务
2	电动水泵	安装在电驱动桥前端	为冷却液的循环提供压力
3	膨胀水箱总成	安装在前机舱右侧	用于储存冷却液

在实际的车辆使用过程中,动力蓄电池面临的使用工况复杂多变。为了提高续驶里程,车辆需要在一定的空间内布置尽可能多的电芯,因此车辆上动力蓄电池包的空间非常有限。动力蓄电池在车辆运行过程中产生大量的热量且随着时间的累积在相对狭小的空间内积聚。由于动力蓄电池包内电芯的密集堆放,也在一定程度上造成中间区域散热相对更困难,加剧了电芯间的温度不一致,其结果会降低动力蓄电池的充放电效率,影响动力蓄电池的功率;严重时还会导致热失控,影响系统的安全性和寿命。

动力蓄电池的温度对其性能、寿命、安全性影响很大。在低温下,锂离子动力蓄电池会出现内阻增大、容量变小的现象,极端情况更会导致电解液冻结、动力蓄电池无法放电等情况,动力蓄电池系统低温性能受到很大影响,造成电动汽车动力输出性能衰减和续驶里程减少。在低温工况下对电动车辆进行充电时,一般 BMS 先将动力蓄电池加热到适宜的温度再进行充电。如果处理不当,会导致瞬间的电压过充,造成内部短路,进一步有可能会发生冒烟、起火甚至爆炸的情况。电动汽车动力蓄电池系统低温充电安全问题在很大程度上制约了电动汽车在寒冷地区的推广。

BMS 的重要功能之一是为了让动力蓄电池组能够始终保持在一个合适的温度范围内进行工作,从而来维持动力蓄电池组最佳的工作状态。BMS 主要包括冷却、加热以及温度均衡等功能。冷却和加热功能,主要是针对外部环境温度对动力蓄电池可能造成的影响来进行相应的调整。温度均衡则是用来减小动力蓄电池组内部的温度差异,防止某一部分动力蓄电池过热造成的快速衰减。理想的动力蓄电池工作温度为 20~35℃,这样能实现车辆最佳的功率输出和输入、最大的可用能量,以及最长的循环寿命(表5-1-5)。

电池温度特性　　　　　　　　　　　表 5-1-5

分　类	温度范围	充　电	放　电	电池性能
低温特性	<0℃	小电流	小电流	低
中温特性	0～20℃	正常	正常	正常
	20～35℃	正常	正常	高效
	35～40℃	正常	正常	正常
高温特性	>45℃	减半	减半	可靠性、寿命降低

❓ **引导问题4**：蓄电池作为储存能源的装置，其充电和放电的过程都会产生热量，有哪些方式来处理这些热量呢？

_____

_____

💡 **小提示4**：

一般来说，动力蓄电池的冷却模式主要分为风冷、液冷和直冷三大类。风冷模式是利用自然风或者乘客舱内的制冷风流经蓄电池的表面达到换热冷却的效果。液冷一般使用独立的冷却液管路用来加热或冷却动力蓄电池，目前此种方式是冷却方式的主流，如特斯拉和雪佛兰 Volt 均采用此种冷却方式。直冷系统则是省去了动力蓄电池的冷却管路，直接使用制冷剂对动力蓄电池进行冷却。

1. 风冷系统

早期的动力蓄电池，由于其容量和能量密度较小，所以很多采用风冷的方式对动力蓄电池进行冷却。风冷分为自然风冷和强制风冷（利用风机）两大类，利用自然风或驾驶室内的冷风对动力蓄电池进行冷却。值得一提的是，对于风冷系统而言，风道的设计对冷却的效果起着至关重要的作用。风道主要分为串行风道和并行风道，如图 5-1-3 所示。串行结构简单，但阻力大；并行结构较复杂占用空间多，但散热均匀性好。

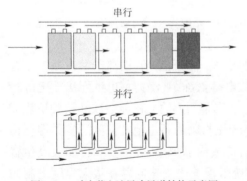

图 5-1-3　动力蓄电池风冷风道结构示意图

2. 液冷系统

液冷模式即蓄电池采用冷却液冷却的方式换热，冷却液分为可直接接触电芯（硅油、蓖麻油等）和通过水道接触电芯（水和乙二醇等）两种；目前，水和乙二醇混合溶液用得比较多。液冷系统一般会增加一个冷却器与制冷循环耦合，通过制冷剂将蓄电池的热量带走；其核心部件是压缩机、冷却器和水泵。压缩机作为制冷的动力发起点，决定着整个系统的换热能力。冷却器则起到了制冷剂和冷却液的交换作用，而换热量的大小也直接决定着冷却液的温度。水泵则决定了管路内冷却液的流速,流速越快换热性能就会越好,反之亦然。

3. 直冷系统

直冷系统是利用空调系统的制冷剂直接冷却动力蓄电池的,工作原理如图 5-1-4 所示。将空调系统的蒸发器直接安装在动力蓄电池系统中,制冷剂在蒸发器中蒸发,直接将蓄电池系统产生的热量带走,从而实现更快、更有效的冷却过程。

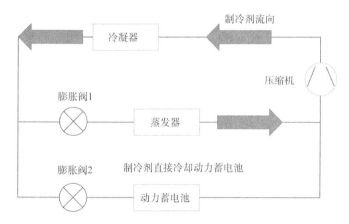

图 5-1-4　直冷系统工作原理图

目前,采用直冷冷却的车型还较少,最典型的如 BMW i3。由于没有液体的中间换热,因此制冷系统的结构紧凑,冷却效率更高(比液冷高出 3~4 倍),成本相对较少。但存在的问题是制冷剂需要在管路内进行气、液态转化,整个系统的控制比较复杂,均温性较差。且对系统的耐高压和密封等均具有较高要求,在整车上应用的风险较大。

拓展知识

某混合动力电动汽车 BMS 原理如图 5-1-5 所示。

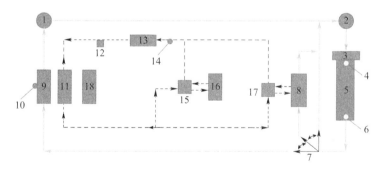

图 5-1-5　BMS 原理图

1-动力蓄电池冷却液罐;2-动力蓄电池冷却管路水泵;3-蓄电池正温度系数(PTC)加热器;4-蓄电池冷却液进口温度传感器;5-动力蓄电池;6-动力蓄电池冷却液出口温度传感器;7-四通阀;8-动力蓄电池冷却器;9-动力蓄电池散热器;10-大气温度传感器;11-冷凝器;12-高压侧制冷剂压力传感器;13-电动空调压缩机;14-制冷剂压力传感器;15-热膨胀阀;16-乘客舱蒸发器;17-热膨胀阀;18-冷却风扇

模式一:当动力蓄电池的温度处于正常范围时,不需要加热或冷却时,水泵驱动使动力蓄电池冷却液在动力蓄电池内部循环,此时主要目的是使动力蓄电池内部的温度保持尽可能一致,如图 5-1-6 所示。

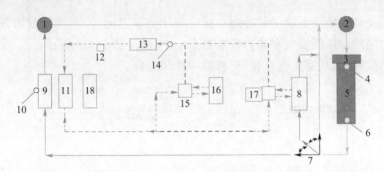

图 5-1-6　模式一工作状态图

模式二:当动力蓄电池的温度较低,需要加热时,电动 PTC 打开,给冷却液加热,通过图示的循环完成对动力蓄电池的加热,如图 5-1-7 所示。

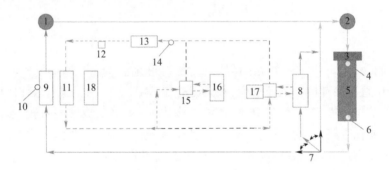

图 5-1-7　模式二工作状态图

模式三:当外界温度不算太高,动力蓄电池需要加热时,四通阀切换到动力蓄电池散热器的管路,如图 5-1-8 所示。此模式下冷却液的热量主要通过动力蓄电池散热器散发到空气中。

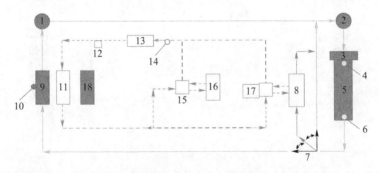

图 5-1-8　模式三工作状态图

模式四:在较高的环境温度,动力蓄电池需要散热,且仅通过散热器不能满足要求时,四通阀切换到动力蓄电池冷却器的管路,如图 5-1-9 所示。此模式下冷却液的热量通过动力蓄电池冷却器传递给制冷剂,制冷剂再传递到空气中。

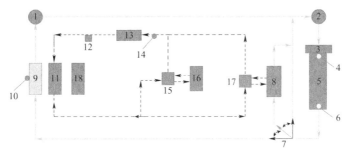

图 5-1-9　模式四工作状态图

液冷系统的形式比较灵活,可以在动力蓄电池模块间设置冷却流道(是目前主流),也可以在动力蓄电池底部使用冷却板,或者将电芯或模组沉浸在冷却液中。液冷系统的优势在于换热系数高、速率快、均温性好,能实现较精确的温度控制;缺点是系统比较复杂、系统的密封性要求高、冷却系统占了动力蓄电池包的相当一部分质量、成本相对较高。

评价反馈

考核内容与评估标准见表 5-1-6。

考核内容与评分标准　　　　　　　　　　　　　　　表 5-1-6

考核项目		考核内容	评分标准	分数	小组互评	教师评价	得分
理论考核（60%）		采用笔试形式,在每个任务结束时实施,考核内容是结构与原理、安装与调试等	选择题30%；判断题30%；填空题20%；简答题20%	60			
实操考核（40%）	过程考核（20%）	团队合作、活动参与	是否和谐	2			
		安全规范操作	有无安全隐患	2			
		现场8S（整理、整顿、清理、清扫、安全、服务、素养、节约）	是否做到	2			
		制订安装与调试作业实施计划	方案是否正确、合理	2			
		操作过程	1. 学生8人一组,在电气学习训练区完成实训任务,教师及小组互检评分；2. 每人撰写实训报告并在小组进行交流,根据在小组活动中的表现进行小组互评	12			
	结果考核（20%）	任务完成情况	是否圆满完成	10			
		工具、设备使用	是否规范、标准	5			
		劳动纪律	是否能严格遵守	3			
		工作页填写	是否完整、规范	2			
合计		教师签名：		年　　月　　日			

任务 2　电动汽车驱动装置冷却系统安装与调试

 学习目标

完成本学习任务后,你应当能够:
1. 拆装电动汽车驱动装置冷却系统;
2. 正确、安全地使用工具和设备;
3. 查阅工作手册及相关资料;
4. 正确实施8S,进行团队合作。

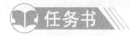

实施任务单见表5-2-1。

实 训 任 务 单　　　　　　　　　　　　　表5-2-1

专业班组		班长		日期	
实训任务	电动汽车驱动装置冷却系统安装与调试					
检查意见:					
签字:					

任务分组

学生任务分配表见表5-2-2。

学生任务分配表　　　　　　　　　　　　　表5-2-2

班级		组号		指导老师	
组长		学号			
组员	姓名		学号		姓名	学号
任务分工						

获取信息

引导问题1：电动汽车动力冷却系统由哪几部分组成？

_____

_____

引导问题2：电动汽车动力冷却系统拆装注意事项有哪些？

_____

_____

_____

任务实施

引导问题3：电动汽车动力冷却系统的拆装工具有哪些？

_____

_____

_____

引导问题4：电动汽车动力冷却系统拆装的步骤是什么？

_____

_____

小提示1：

1. 电动汽车动力冷却系统安装的注意事项

（1）阅读并谨记安全作业规程，做好安全防护工作。

（2）正确使用设备和工具，不得违规操作。

（3）多人协调工作，切忌单干蛮干。

（4）遇到不合理作业要及时指出并予以制止。

（5）发现问题及时上报。

（6）对所使用设备进行点检，举一反三。

（7）作业时，应注意作业环境的变化，例如湿度和温度的变化。

（8）举升车辆前，应将举升机支撑块调整移动对正该车型规定的举升点，举升臂应尽量缩到最小长度，并调节举升胶垫以便均匀接触；支车时，四个支角应在同一平面上，调整支角胶垫高度，使其接触车辆底盘支撑部位，使举升臂升至举升胶垫完全接触车辆，检查是否已牢固负载。

2. 电动汽车动力冷却系统拆装

电动汽车动力冷却系统拆装步骤见表5-2-3。

电动汽车动力冷却系统拆装步骤　　　　　表 5-2-3

序号	操作步骤	操作位置示意图	操作技术要求
1	安装前端模块的左右 3 个固定螺钉		力矩:26.1N·m
2	安装前端模块线束连接器 1 和线束连接器 2		确认连接稳固可靠
3	安装复位冷却模块总成,安装冷却模块固定架和固定架螺钉 6 个		力矩:9.5N·m
4	安装冷却风扇线束连接器		确认安装到位
5	安装冷凝器总成。安装水箱进出水管		安装到位,卡箍已卡紧
6	安装散热器左右导风板		

续上表

序号	操作步骤	操作位置示意图	操作技术要求
7	安装散热器上部导风板		
8	复位电动水泵安装支架,安装电动水泵安装支架的2个固定螺钉和卡扣		
9	复位电动水泵,安装2个固定螺钉		力矩:8.5N·m
10	连接电动水泵线束连接器		
11	复位膨胀水箱,安装膨胀水箱2个固定螺母。安装散热器通气管和空调通气管与膨胀水箱的连接端。安装动力总成补水管和空调补水管与膨胀水箱的连接端		力矩:8.5N·m

续上表

序号	操 作 步 骤	操作位置示意图	操作技术要求
12	安装 PCU 和 OBC 端水管和水管卡箍		
13	安装动力水泵端的水管		

引导问题5：安装完成后需要经过怎样的后续检测步骤才能确认装配无误符合要求呢？

小提示2：

电动汽车动力冷却系统确认安装到位步骤如下。

（1）检查所有管路是否牢固，器件是否安装齐全。
（2）加入规定量冷却液，启动车辆，将车辆移动至动力检测区。
（3）通过检测仪器观察冷却液、蓄电池、控制系统温度变化。
（4）通过检测仪器启动水泵、风扇，检测是否能够正常工作。
（5）模拟行驶车辆 10min，直至温控系统达到热平衡，检测温度变化是否符合要求、管路是否泄漏，确认装配合格后，清空故障码。
（6）完成线上检测，并交车至下一工序。

评价反馈

考核内容与评分标准见表 5-2-4。

考核内容与评分标准

表 5-2-4

考核项目		考核内容	评分标准	分数	小组互评	教师评价	得分
理论考核（60%）		采用笔试形式,在每个任务结束时实施,考核内容是结构与原理、安装与调试等	选择题30%; 判断题30%; 填空题20%; 简答题20%	60			
实操考核（40%）	过程考核（20%）	团队合作、活动参与	是否和谐	2			
		安全规范操作	有无安全隐患	2			
		现场8S(整理、整顿、清理、清扫、安全、服务、素养、节约)	是否做到	2			
		制订安装与调试作业实施计划	方案是否正确、合理	2			
		操作过程	1.学生8人一组,在电气学习训练区完成实训任务,教师及小组互检评分; 2.每人撰写实训报告并在小组进行交流,根据在小组活动中的表现进行小组互评	12			
	结果考核（20%）	任务完成情况	是否圆满完成	10			
		工具、设备使用	是否规范、标准	5			
		劳动纪律	是否能严格遵守	3			
		工作页填写	是否完整、规范	2			
合计		教师签名：	年　　月　　日				

项目六 电动汽车空气调节系统安装与调试

任务 1　电动汽车空调系统的组成与原理

> 📁 **学习目标**
>
> 完成本学习任务后,你应当能够:
> 1. 叙述电动汽车空调系统的组成与结构;
> 2. 分析电动汽车空调制热系统的原理;
> 3. 分析电动汽车与燃油汽车在空调系统上的区别;
> 4. 在实训过程中正确实施8S,进行团队合作。

 任务书

实训任务单见表6-1-1。

实 训 任 务 单　　　　　表6-1-1

专业班组		班长		日期	
实训任务	电动汽车空调系统的组成与原理				
检查意见:					
签字:					

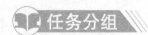

学生任务分配见表6-1-2。

学生任务分配表　　　　　　　　　　　　　　表 6-1-2

班级		组号		指导老师	
组长		学号			
组员	姓名		学号	姓名	学号
任务分工					

获取信息

引导问题 1：电动汽车和传统燃油汽车一样有空调吗？电动汽车在没有发动机的情况下，空调该以怎样的工作方式来实现空气调节呢？

_____

_____

_____

小提示 1：

电动汽车的空调系统在制冷原理上与传统燃油车区别较小，仅在空调压缩机的动力源上存在区别。然而，纯电动汽车的空调系统在制热的原理上就与传统燃油车有本质的区别，特别是纯电动汽车在失去了发动机的热源以后，获得暖风已经不能再依靠发动机冷却液的循环，而是需要电能进行加热。

任务实施

引导问题 2：空气调节都有哪些需求？各有什么特点？

_____

_____

小提示 2：

车内对当前空气温度、湿度等环境条件有实时的需求，不同车辆使用状态带来了对车内空气进行调节的需求。以当前温度为参考，一般可以进行空气制冷、空气制热、空气循环等功能。

电动汽车的空调制冷系统与传统燃油汽车基本相同，由压缩机、冷凝器、蒸发器、冷却风扇、鼓风机、膨胀阀、储液干燥器和高低压管路附件、传感器等组成,如图 6-1-1 所示。传统燃油汽车压缩机由发动机传动带通过电磁离合器带动,而电动汽车采用电动压缩机,电动压缩机由动力蓄电池提供高压电驱动。压缩机是空调制冷系统制冷剂循环的动力。

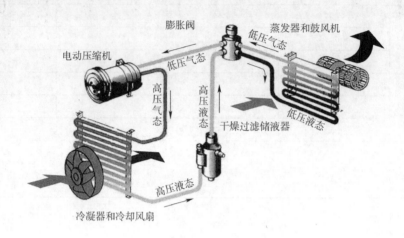

图 6-1-1　电动汽车空调制冷系统原理图

❓ **引导问题 3**:电动汽车空调压缩机和传统燃油车压缩机有哪些相同点?又有哪些明显的区别呢?

_____

_____

_____

💡 **小提示 3**:

随着电动汽车的崛起,汽车空调压缩机也发生了巨大的变化:取消了前端的驱动带轮,增加了驱动电机和单独的控制模块。但是在其内部,基本原理还是一台压缩机,如图 6-1-2 所示。

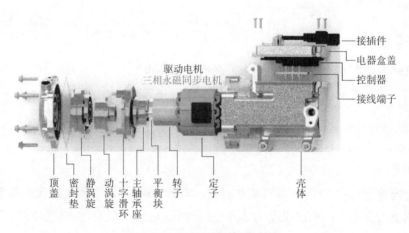

图 6-1-2　电动压缩机结构分解图

驱动电机采用具有体积小、质量轻、效率高等优点的三相永磁同步电机。但因电动汽车中使用的是直流电,想要驱动电机正常稳定工作,必须借助控制模块(变频器)将直流电转化为交流电。即通过控制模块中电压控制器件,按照一定的规律轮流加上占空比脉冲调制控制电压。当直流高压电流经过变频器后,在输出端形成三相正弦交流电流,保证三相永磁同步电机平稳运转的同时,产生足够的转矩以驱动压缩机运转。

目前,电动汽车空调制热的方式主要可分为热泵制热和PTC制热两种,虽然热泵和PTC都能实现制热,但它们之间有着较大的区别。

1. 热泵制热

在普通空调器的基础上,安装一个四通换向阀,改变阀的操作,可以使原来空调器的蒸发器和冷凝器的功能互相对换,从而把冷却室内空气的功能改变为加热室内空气的功能。

这种冬季可以从室外较低空气中抽取热量,用来加热室内空气;夏季可把室内空气的热量除去,传送到室外的空气调节器叫作热泵式空调器。

热泵式空调器主要包含:室内换热器、室外换热器、压缩机、毛细管、气液分离器和四通阀等部件。

2. PTC制热

PTC发热体又叫PTC加热器,采用PTC陶瓷发热元件与铝管组成,这类型PTC发热体有热阻小、换热效率高的优点,是一种自动恒温、省电的电加热器。

PTC发热体产品采用U形波纹状散热片,提高了其散热率,且综合了胶粘和机械式的优点,并充分考虑到PTC发热体在工作时的各种热、电现象,其结合力强,导热、散热性能优良,效率高,安全可靠。

它的突出特点在于安全性能上,即遇风机故障停转时,PTC加热器因得不到充分散热,其功率会自动急剧下降,此时加热器的表面温度维持在居里温度左右(一般在250℃上下),从而不致产生如电热管类加热器的表面"发红"现象。

PTC是利用自身发热产生热量的,因此耗电量比只需启动压缩机的热泵要高得多,对电动汽车续驶里程的影响也更大,热泵的效能系数比PTC加热高出2~3倍,可以有效延长20%以上的续驶里程。

评价反馈

考核内容与评分标准见表6-1-3。

考核内容与评分标准　　　　　　　　　　　表6-1-3

考核项目	考核内容	评分标准	分数	小组互评	教师评价	得分
理论考核(60%)	采用笔试形式,在每个任务结束时实施,考核内容是结构与原理、安装与调试等	选择题30%;判断题30%;填空题20%;简答题20%	60	—		

续上表

考核项目		考核内容	评分标准	分数	小组互评	教师评价	得分
实操考核（40%）	过程考核（20%）	团队合作、活动参与	是否和谐	2			
		安全规范操作	有无安全隐患	2			
		现场8S（整理、整顿、清理、清扫、安全、服务、素养、节约）	是否做到	2			
		制订安装与调试作业实施计划	方案是否正确、合理	2			
		操作过程	1.学生8人一组，在电气学习训练区完成实训任务，教师及小组互检评分；2.每人撰写实训报告并在小组进行交流，根据在小组活动中的表现进行小组互评	12			
	结果考核（20%）	任务完成情况	是否圆满完成	10			
		工具、设备使用	是否规范、标准	5			
		劳动纪律	是否能严格遵守	3			
		工作页填写	是否完整、规范	2			
合计		教师签名：	年　月　日				

任务2　空调电动涡旋压缩机的安装与调试

学习目标

完成本学习任务后，你应当能够：
1. 装调空调电动涡旋压缩机及其附件；
2. 正确、安全地使用工具和设备；
3. 翻阅工作手册及相关资料；
4. 在实训中实施8S，进行团队合作。

任务书

实训任务单见表6-2-1。

实 训 任 务 单　　　　　　　　　　　表 6-2-1

专业班组		班长		日期	
实训任务		空调电动涡旋压缩机的安装与调试			
检查意见： 签字：					

任务分组

学生任务分配见表 6-2-2。

学生任务分配表　　　　　　　　　　　表 6-2-2

班级		组号		指导老师	
组长		学号			
组员	姓名		学号	姓名	学号
任务分工					

获取信息

引导问题 1：电动空调压缩机与普通燃油车辆压缩机结构的区别是什么？

_____

_____

小提示 1：

根据上一任务内容，可对电动压缩机结构特征有一定的了解，针对压缩机安装位置、动力输入来源等方面可得出相应结论。燃油发动机的压缩动力来源决定了安装的位置，而电动压缩机则不需要依赖发动机动力，安装位置可更灵活，如图 6-2-1 所示。

图 6-2-1　制冷系统空调压缩机安装位置示意图

❓ **引导问题 2**：怎样判断电动压缩机的安装是否符合要求？

_____

_____

💡 **小提示 2**：

　　对于压缩机工作、连接的要求都有哪些规范？同学们可参考电气、密封要求等进行思考。同时，压缩机对于车辆的舒适性有噪声和振动方面的影响，对安装有较高的要求。

📖 **任务实施**

❓ **引导问题 3**：安装压缩机需要用到哪些工具和检测设备？

_____

_____

💡 **小提示 3**：

1. 安装压缩机所使用的工具和注意事项

　　(1) 准备必需的基本绝缘安全工具：验电、放电工装，绝缘罩、绝缘隔板等。

　　(2) 准备必需的辅助安全工具：绝缘手套、护目镜、绝缘靴、绝缘胶垫、安全围栏、标示牌等。

　　(3) 操作注意事项：在安装前先阅读警告和注意事项中的电动汽车装配安全须知、电动汽车修理安全措施、电动汽车安全操作。

　　(4) 举升设备。注意事项如下：

　　①使用设备前应进行设备点检，在确认无误后使用。

　　②使用的过程中，要注意周围的情况，发现异常要及时按下急停按钮。

　　③使用完毕后要进行确认点检。

　　(5) 检查调试万用表。

2. 电动压缩机安装步骤

电动压缩机安装步骤见表 6-2-3。

电动压缩机安装步骤　　　　表 6-2-3

序号	操作步骤	操作位置示意图	操作技术要求	备　注
1	安装压缩机总成，安装压缩机的 4 个固定螺栓		力矩：26.1N·m	
2	安装压缩机排气管螺栓		力矩：8.5N·m	在安装过程中涉及的 O 形圈，都必须要确认存在并无破损
3	安装压缩机吸气管螺栓		力矩：8.5N·m	在安装过程中涉及的 O 形圈，都必须要确认存在并无破损
4	安装压缩机的高压电线束连接器和控制线束连接器			插接时注意"一插、二响、三确认"

3. 电动压缩机检测步骤

电动压缩机检测步骤见表 6-2-4。

电动压缩机检测步骤　　　　表 6-2-4

检测位置	检测要求	检测指标
固定螺栓	力矩值是否达标	与操作书要求一致或在许用偏差以内
管路连接	高低压管路压力封闭加压测试，高低压管路真空测试。密封元器件无泄漏破损	加压测试达到指定工作压力后不泄压，管路真空保压规定时间不漏气

续上表

检测位置	检测要求	检测指标
电气接口	接口稳固,卡扣到位	接插位置没有杂物与脏污,电气连接可通过诊断仪正常检测
缓冲底座	正常试机工作,检测振动传递情况	压缩机正常工作,振动不得通过底座进行有效传导

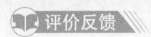

考核内容与评分标准见表6-2-5。

考核内容与评分标准　　　　　　　　　　　表6-2-5

考核项目	考核内容	评分标准	分数	小组互评	教师评价	得分
理论考核（60%）	采用笔试形式,在每个任务结束时实施,考核内容是结构与原理、安装与调试等	选择题30%；判断题30%；填空题20%；简答题20%	60	—		
实操考核（40%） 过程考核（20%）	团队合作、活动参与	是否和谐	2			
	安全规范操作	有无安全隐患	2			
	现场8S（整理、整顿、清理、清扫、安全、服务、素养、节约）	是否做到	2			
	制订安装与调试作业实施计划	方案是否正确、合理	2			
	操作过程	1.学生8人一组,在电气学习训练区完成实训任务,教师及小组互检评分；2.每人撰写实训报告并在小组进行交流,根据在小组活动中的表现进行小组互评	12			
结果考核（20%）	任务完成情况	是否圆满完成	10			
	工具、设备使用	是否规范、标准	5			
	劳动纪律	是否能严格遵守	3			
	工作页填写	是否完整、规范	2			
合计	教师签名：	年　　月　　日				

项目七 电动汽车转向系统安装与调试

任务1 电动汽车转向系统的结构原理

学习目标

完成本学习任务后,你应当能够:
1. 叙述电动汽车转向系统的分类与特点;
2. 分析电动汽车转向系统的结构原理与特点;
3. 正确使用工作手册及相关资料,分析电动汽车转向系统的结构原理;
4. 在实训中实施8S规定,正确使用电气安装与调试工量具,进行团队合作。

任务书

实训任务单见表7-1-1。

实 训 任 务 单　　　　　　　　　　表7-1-1

专业班组		班长		日期	
实训任务	电动汽车转向系统的结构原理					
检查意见:					
签字:					

任务分组

学生任务分配见表7-1-2。

学生任务分配表　　　　　　　　　　　　　　　表 7-1-2

班级		组号		指导老师	
组长		学号			
组员	姓名		学号	姓名	学号
任务分工					

获取信息

❓ **引导问题 1**：汽车助力转向系统有哪些种类？

_____

_____

💡 **小提示 1**：

汽车转向系统经历了机械转向系统、液压助力转向系统、电控液压助力转向系统、电动助力转向系统的发展过程。随着线控技术的发展，线控转向技术也逐渐出现在汽车的转向系统中。

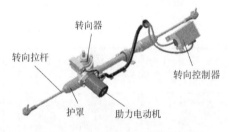

图 7-1-1　电动助力转向系统结构组成

电动助力转向系统（EPS）结构组成如图 7-1-1 所示，是一种直接依靠电动机提供辅助转矩的动力转向系统，可以根据不同的使用工况控制电动机提供不同的动力，实现转向助力随车速的变化而变化，且仅在需要转向的时候提供转向动力，降低燃油消耗率，且转向更加轻便。优点：结构简单、降低油耗、噪声小、助力效果好、转向系统主动回正、环保性好。

❓ **引导问题 2**：对照图 7-1-2，电动助力转向系统根据电动机驱动部位和机械结构的不同，可将电动助力转向系统分为哪几类？

_____

_____

💡 **小提示 2**：

电动助力转向系统的分类如图 7-1-2 所示。

电动汽车转向系统安装与调试 项目七

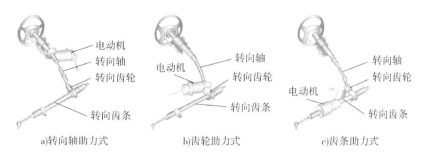

a) 转向轴助力式　　　b) 齿轮助力式　　　c) 齿条助力式

图 7-1-2　电动助力转向系统的类型

引导问题 3：对照图 7-1-3，电动助力转向系统的结构由哪几部分组成？

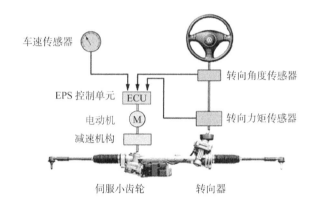

图 7-1-3　电动助力转向系统结构示意图

小提示 3：

电动助力转向系统以直流电动机作为助力源，电子控制单元根据车速和转向参数控制电动机通电电流强度，调节加力电动机工作力矩，进而控制转向助力强度。

电动助力转向系统的助力作用受电脑控制，在低速转向时的助力作用最强，随着车速的升高，助力作用逐渐减弱。

1. 转矩传感器

转矩传感器（图 7-1-4）用于检测作用于转向盘上转矩信号的大小与方向。接触式扭杆电位计传感器是在转向轴位置加一根扭杆，通过扭杆检测输入轴与输出轴的相对扭转位移，并将这种扭转变化输入给 ECU。

2. 电动机

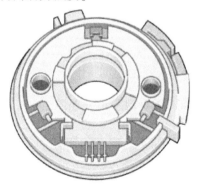

图 7-1-4　接触式转矩传感器

电动助力转向系统一般常采用直流无刷永磁电动机（图 7-1-5），无刷永磁电动机具有无

127

励磁损耗、效率较高、体积较小等特点。

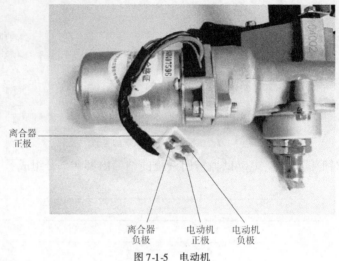

图 7-1-5　电动机

3. 电磁离合器

电磁离合器(图 7-1-6)可以保证电动助力只在预定的范围内起作用。当车速、电流超过限定的最大值或转向系统发生故障时,离合器便自动切断电动机动力,恢复手动控制转向。

4. 减速机构

减速机构(图 7-1-7)用来增大电动机传递给转向器的转矩。

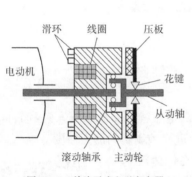 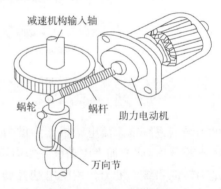

图 7-1-6　单片干式电磁离合器　　　图 7-1-7　涡轮蜗杆减速机构

任务实施

引导问题 4：对照图 7-1-8,分析电动线控助力转向系统是如何工作的?

_____

_____

小提示 4：

电动线控助力转向系统如图 7-1-8 所示。

电动汽车转向系统安装与调试 项目七

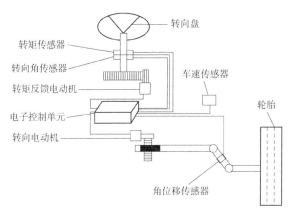

图 7-1-8 电动线控助力转向系统结构原理图

 引导问题 5：电动线控转向系统与传统电动助力转向系统区别是什么？

💡 **小提示 5**：

电动助力转向系统与线控转向的主要差异就是线控转向取消了转向盘与车轮之间的机械连接，用传感器获得转向盘的转角数据，然后 ECU 将其折算为具体的驱动力数据，用电动机推动转向机转动车轮。

而电动助力转向系统则根据驾驶员的转角来增加转向力。

线控转向的缺点是需要模拟一个转向盘的力回馈，因为转向盘没有和机械部分连接，驾驶员感觉不到路面传导来的阻力，会失去路感。

英菲尼迪 Q50L 线控转向还保留有机械装置，保证即使电子系统全部失效，依然可以正常转向。

1. 线控转向系统（SBW）

汽车线控转向系统如图 7-1-9 所示，该装置取消了转向盘与转向轮之间的机械连接，完全由电能实现转向，摆脱了传统转向系统的各种限制，不但可以自由设计汽车转向的力传递特性、角传递特性，通过控制算法实现智能化车辆转向，而且比传统转向系统更加节省安装空间，质量更轻。

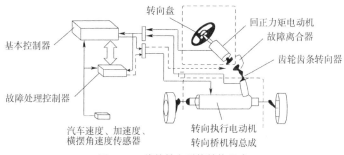

图 7-1-9 线控转向系统结构组成

129

2. 线控转向系统结构组成

(1) 转角传感器(图7-1-10):转向盘转动时带动转角传感器的大齿轮转动,大齿轮带动装有磁体的两个小齿轮转动,产生变化的磁场,通过敏感电路检测这种变化产生的转角信号,通过CAN总线将数据发送出去。

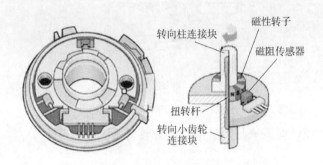

图7-1-10 转角传感器结构图

(2) 路感电动机(图7-1-11):将主控制器传来的回正信号转化为回正力矩,向驾驶员提供路感。

(3) 转向执行总成(图7-1-11):快速响应主控制器传来的转角信号,完成车辆的转向。

(4) 主控制器(图7-1-11):采集包括转向盘转角、转向盘转矩、车速等传感器的信息,根据内部的程序,计算出合适的前轮转角发送到转向执行电动机,实现车辆转向;计算出合适的回正力矩传递给路感电动机,向驾驶员提供路感。

3. 电控线控助力转向系统典型应用

日产旗下的英菲尼迪Q50线控转向系统如图7-1-12所示。

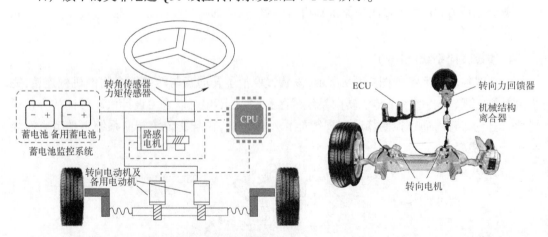

图7-1-11 电控线控助力转向系统结构组成位置图　　图7-1-12 英菲尼迪Q50 DAS系统

三个ECU属于并联关系,负责的内容各不相同(从左至右分别为左前轮、转向盘、右前轮),并同时彼此互相监测其他两个ECU的工作情况。

当任意一个ECU被监测到出现了问题时,备用模式将立刻通过一个离合器被激活,恢复至传统的机械传动转向模式。

但在正常情况下,转向盘靠备用离合器保持与转向齿条和前轮分离。而转向电动机对转向盘/驾驶员产生适当的转向力反馈。

Q50 的线控转向与传统转向系统的最大区别是,正常状态下,转向盘和车轮没有机械连接,而是依靠电路传送信号。

线控转向系统在保证与传统转向系统一样精确和快速的同时,还可以过滤多余路面信息,减轻驾驶员的疲劳程度。

操控性:采用电子信号控制,从而消除了转向力在传递过程中产生的迟滞,线控转向系统明显比传统转向更加灵敏和精准,使普通驾驶员无论在激烈驾驶或是日常驾驶中都能够时时掌控车辆的转向状况,享受更多驾驶乐趣。

评价反馈

考核内容与评分标准见表 7-1-3。

考核内容与评分标准　　　　　　　　　　　　表 7-1-3

考核项目		考核内容	评分标准	分数	小组互评	教师评价	得分
理论考核(60%)		采用笔试形式,在每个任务结束时实施,考核内容是结构与原理等	选择题 30%;判断题 30%;填空题 20%;简答题 20%	60	—		
实操考核(40%)	过程考核(20%)	团队合作、活动参与	是否和谐	2			
		安全规范操作	有无安全隐患	2			
		现场 8S(整理、整顿、清理、清扫、安全、服务、素养、节约)	是否做到	2			
		制订安装与调试作业实施计划	方案是否正确、合理	2			
		操作过程	1. 学生 8 人一组,在电气学习训练区完成实训任务,教师及小组互检评分; 2. 每人撰写实训报告并在小组进行交流,根据在小组活动中的表现进行小组互评	12			
	结果考核(20%)	任务完成情况	是否圆满完成	10			
		工具、设备使用	是否规范、标准	5			
		劳动纪律	是否能严格遵守	3			
		工作页填写	是否完整、规范	2			
合计		教师签名:		年　　月　　日			

任务2　电动汽车转向系统的安装与检测

> **学习目标**
>
> 完成本学习任务后,你应当能够:
> 1. 进行电动汽车转向系统的拆装与检测;
> 2. 在教师的指导下,翻阅工作手册等资料,分析电动汽车转向系统针脚定义;
> 3. 叙述电动汽车转向系统拆装的注意事项;
> 4. 在实训过程中实施8S规定,正确使用电气安装与调试工量具,进行团队合作。

任务书

实训任务单见表7-2-1。

实 训 任 务 单　　　　　　　　　表7-2-1

专业班组		班长		日期	
实训任务		电动汽车转向系统的安装与检测			
检查意见:					
签字:					

任务分组

学生任务分配见表7-2-2。

学生任务分配表　　　　　　　　　表7-2-2

班级		组号		指导老师	
组长		学号			
组员	姓名		学号	姓名	学号
任务分工					

电动汽车转向系统安装与调试 **项目七**

📖 获取信息

❓ 引导问题1：电动助力转向系统有什么作用？由哪些部分组成？

_____

_____

_____

📖 任务实施

❓ 引导问题2：电动助力转向系统安装位置有什么技术要求？拆装电动助力转向系统有哪些注意事项？

_____

_____

_____

💡 小提示1：

1. 电动汽车转向系统结构与安装位置

电动助力转向系统（Electronic Control Power Steering，EPS），它为驾驶员提供辅助转向动力，实现在各种转速下转向的操纵力都是最佳值，转向操纵灵活、轻便，能吸收路面对前轮的冲击。它不但可以随行驶条件及时调整转向助力倍数，而且在结构上也远比液力和气压式助力转向系统轻巧简便，特别适合于小轿车。电动助力转向系统安装位置如图7-2-1所示。

图7-2-1 转向传动装置安装位置图

EPS电动机的工作由EPS电子控制单元（图7-2-2）控制。EPS电子控制系统由转向传感器、车速传感器、信号控制器（电脑）等构成。通过EPS-ECU计算和控制电源，提供辅助动力需要的转矩量。辅助动力转矩量与车速和驾驶员的转向转矩相关。EPS系统主要由转向柱组件、电子控制单元（EPS-ECU）和电动机组件（图7-2-3）构成。

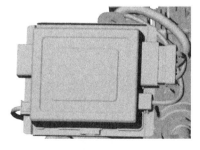

图7-2-2 EPS电子控制单元

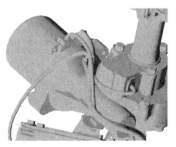

图7-2-3 EPS电动机组件

2. 电动汽车转向系统的拆装

电动汽车转向系统的拆装需要注意以下方面：

(1) 使车轮朝向前方,并确保其在该位置安全。这将防止损坏转向盘组件。转向盘故障可能引发事故。

(2) 在断开转向柱、中间轴或转向齿轮后,勿转动转向盘或移动前轮。组件可能受损并引发事故。

(3) 关闭点火开关。在维修安全气囊系统前,先断开蓄电池的两根电缆以防止安全气囊打开。

(4) 勿在安全气囊正前方操作。始终从安全气囊侧面开始操作。若不遵守此规定,可能会造成人身伤害。

电动汽车转向系统拆装步骤(以电动转向管柱带中间轴总成为例)见表 7-2-3 和表 7-2-4。

电动转向管柱带中间轴总成拆卸步骤　　　　表 7-2-3

序号	拆卸顺序	示意图
1	打开前机舱盖,断开蓄电池负极电缆	—
2	拆卸室内温度传感器	—
3	拆卸驾驶员气囊	—
4	拆卸转向盘	—
5	拆卸组合开关总成	—
6	拆卸转向管柱消音罩的3个螺母,取出合开关转向管柱消音罩	
7	拆卸转向管柱中间轴万向节螺栓。 注意:拆卸万向节固定螺栓时,需要做好记号,确保安装时转向盘位置正确	
8	断开 EPS 控制器线束连接器	

续上表

序号	拆卸顺序	示意图
9	拆卸电动转向管柱穿心螺栓和螺母	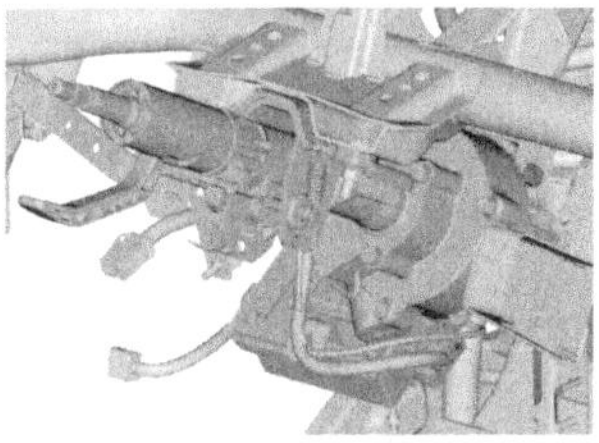
10	拆卸电动转向管柱高度调节支架的2个固定螺母,取出电动转向管柱带中间轴总成	

电动转向管柱带中间轴总成安装步骤 表7-2-4

序号	安装顺序	示意图	参数
1	复位电动转向管柱带中间轴总成,安装电动转向管柱高度调节支架的2个固定螺母		力矩:26N·m
2	安装电动转向管柱穿心螺栓和螺母	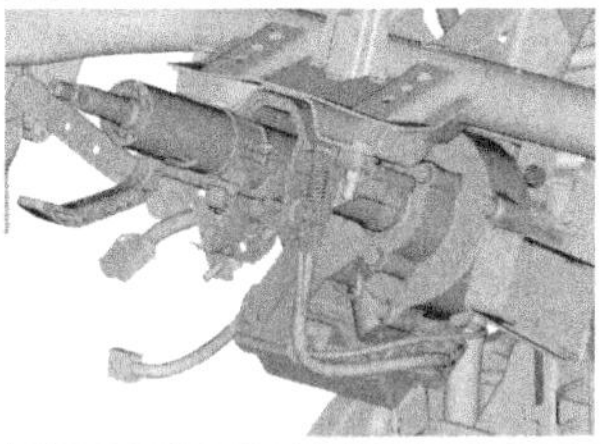	力矩:26N·m
3	连接EPS控制器线速连接器	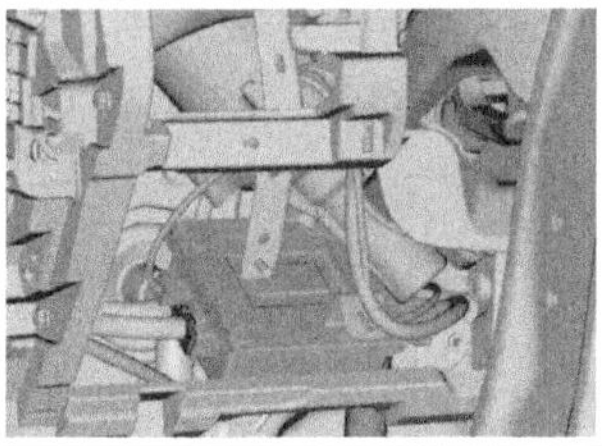	—
4	安装转向管柱中间轴万向节螺栓	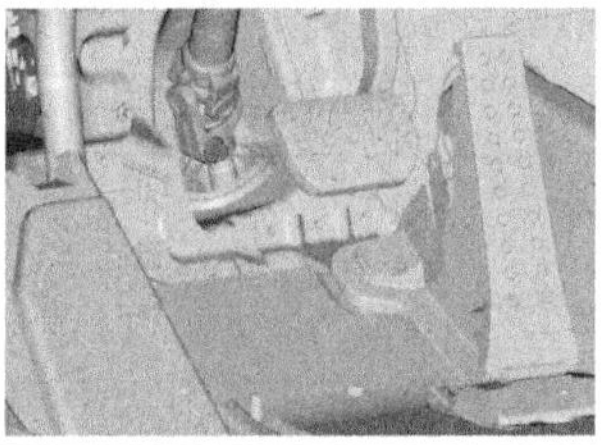	力矩:34.5N·m

续上表

序号	安装顺序	示意图	参数
5	复位转向管柱消音罩,安装转向管柱消音罩的3个螺母		—
6	安装组合开关总成	—	—
7	装室内温度传感器	—	—
8	安装转向盘	—	—
9	安装驾驶员气囊	—	—
10	连接蓄电池负极搭铁线	—	—

❓ **引导问题3**:叙述电动汽车转向系统控制器各针脚功能定义。

_____

_____

❓ **引导问题4**:对照图7-2-4a)、b),在表7-2-5、表7-2-6中查找电动助力汽车转向系统线束连接器端子针脚功能定义内容。

_____

_____

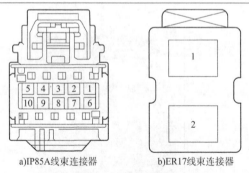

a)IP85A线束连接器　　　　b)ER17线束连接器

图7-2-4　线束连接器

💡 **小提示2**:

电动助力汽车转向系统线束连接器端子部分针脚功能定义,见表7-2-5和表7-2-6。

线束连接器端子　　　　　　　　　　　　　　　表7-2-5

端子号	线　色	线　径	功能定义	规定条件(电压、电流、波形)
1	G	0.50	IG	—
2	Y/B	0.50	CAN_HI	—
5	G/Br	0.50	CAN_LO	—

线束连接器端子 表 7-2-6

端子号	线 色	线 径	功能定义	规定条件(电压、电流、波形)
1	R	10.00	B+	—
2	R	10.00	B+	—

引导问题 5：根据表 7-2-7 提供的故障代码，如何进行电动助力汽车转向系统故障诊断与分析？

_____

_____

故障代码 表 7-2-7

故 障 代 码	说　明
U3006-16	控制器供电电压低

小提示 3：

某车型 EPS 电路简图如图 7-2-5 所示，用故障诊断仪进行电动助力转向系统(EPS)故障诊断与分析。

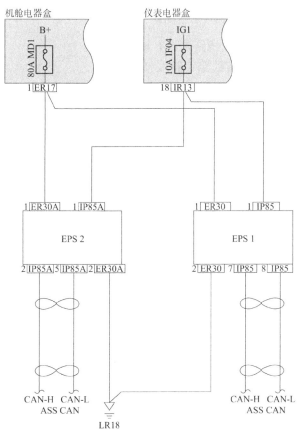

图 7-2-5　某车型 EPS 电路简图

诊断步骤如下。

| 步骤1 | 用诊断仪访问电动助力转向系统(EPS)。 |

用诊断仪访问电动助力转向系统(EPS)。

　　是 ▶ 根据输出的 DTC 维修电路。

否

| 步骤2 | 检查蓄电池。 |

(1)测量蓄电池电压(电压标准值:11～14V)。

(2)确认电压是否符合标准值。

　　否 ▶ 蓄电池充电或检查充电系统。

是

| 步骤3 | 检查电动助力转向系统(EPS)熔断丝 MD1 和 IF04。 |

检查熔断丝 MD1 和 IF04 是否熔断。

　　否 ▶ 转至步骤5。

是

| 步骤4 | 检修熔断丝 MD1 和 IF04 线路。 |

(1)检查熔断丝 MD1 和 IF04 线路是否有短路故障。

(2)进行线路修理,确认没有线路短路现象。

(3)更换额定电流的熔断丝(熔断丝的额定值为 MD1 80A 和 IF04 10A)。

(4)确认电动助力转向系统(EPS)是否正常工作。

　　是 ▶ 系统正常。

否

| 步骤5 | 检查电动助力转向系统(EPS)线束连接器(端子电压)。 |

(1)操作起动开关使电源模式至 OFF 状态。

(2)断开电动助力转向系统(EPS)线束连接器 ER17。

(3)操作起动开关使电源模式至 ON 状态。

(4)测量电动助力转向系统(EPS)线束连接器 ER30A 端子 1 对车身搭铁的电压(电压标准值:11～14V)。

(5)确认电压是否符合标准值。

　　否 ▶ 系统正常。

是

| 步骤6 | 检查电动助力转向系统(EPS)线束连接器(接地端子导通性)。 |

(1)操作起动开关使电源模式至 OFF 挡。

(2)测量电动助力转向系统(EPS)线束连接器 ER30A 端子 2 与车身搭铁之间的电阻值

(电阻标准值:小于1Ω)。

(3)确认电阻是否符合标准值。

否 修理或更换线束。

是

| 步骤7 | 更换电动助力转向系统(EPS)。 |

(1)更换电动助力转向系统(EPS)。

(2)操作起动开关使电源模式至 ON 状态,确认功能是否正常。

是 系统正常。

下一步

| 步骤8 | 系统正常。 |

▎评价反馈

考核内容与评分标准见表7-2-8。

考核内容与评分标准 表7-2-8

考核项目		考核内容	评分标准	分数	小组互评	教师评价	得分
理论考核(60%)		采用笔试形式,在每个任务结束时实施,考核内容是结构与原理、安装与调试等	选择题30%;判断题30%;填空题20%;简答题20%	60	—		
实操考核(40%)	过程考核(20%)	团队合作、活动参与	是否和谐	2			
		安全规范操作	有无安全隐患	2			
		现场8S(整理、整顿、清理、清扫、安全、服务、素养、节约)	是否做到	2			
		制订安装与调试作业实施计划	方案是否正确、合理	2			
		操作过程	1.学生8人一组,在电气学习训练区完成实训任务,教师及小组互检评分;2.每人撰写实训报告并在小组进行交流,根据在小组活动中的表现进行小组互评	12			
	结果考核(20%)	任务完成情况	是否圆满完成	10			
		工具、设备使用	是否规范、标准	5			
		劳动纪律	是否能严格遵守	3			
		工作页填写	是否完整、规范	2			
合计		教师签名:	年 月 日				

项目八 电动汽车制动系统安装与调试

任务 1　电动汽车制动系统的组成与原理

> **学习目标**
>
> 完成本学习任务后,你应当能够:
> 1. 叙述电动汽车制动系统的分类和特点;
> 2. 分析电动汽车制动系统的结构原理及特点;
> 3. 分析电动汽车制动能量回收系统的结构原理;
> 4. 在实训过程中按 8S 规定,完成电动汽车制动系统装调。

任务书

实训任务单见表 8-1-1。

实 训 任 务 单　　　　　　　　　　表 8-1-1

专业班组		班长		日期	
实训任务	电动汽车制动系统的组成与原理					
检查意见:					
签字:					

任务分组

学生任务分配见表 8-1-2。

学生任务分配表　　　　　　　　　　　表 8-1-2

班级		组号		指导老师	
组长		学号			
组员	姓名		学号	姓名	学号
任务分工					

获取信息

引导问题 1：什么是电控机械制动系统（EMB）？有什么特点？

_____

_____

小提示 1：

  EMB 起先是应用在飞机上的，如美国的 F-15 战斗机就采用了 EMB 制动器，后来才慢慢转化运用到汽车上。EMB 与传统的制动系统有着极大的差别，其执行和控制机构需要重新设计。其执行机构需要能够把电动机的转动平稳转化为制动蹄摩擦片的平动、需要能够减速增矩、需要能够自动补偿由于长期工作而产生的制动间隙等，而且由于体积的限制，其结构也必须巧妙和紧凑，是整个电控机械控制系统中非常重要的组成部分；其控制部分也要求能精确控制电动机的转速和转角从而防止制动抱死。

引导问题 2：EMB 由哪些部分组成？

_____

_____

小提示 2：

  EMB 作为线控制动系统（BBW）的一种形式，电控制动器和制动系统都有了全新的改变。EMB 主要由电源系统、车速和轮速等多种传感器、制动踏板模拟器、4 个车轮上的独立电控制动器、EMB 控制单元、中心控制模块等组成。

  图 8-1-1 是 EMB 的结构简图。它有四套制动执行机构，每个车轮都有一个独立的电控制动器。当驾驶员踏动踏板时，通过踏板力模拟机构将信号传送到中心控制模块，中心控制

模块根据车速、轮速等多种传感器来获得整个车的运行状态,综合处理后发出各种制动信号给四个控制器,控制器得到信号后控制四台电动机分别对四个车轮独立进行控制制动。通过各个传感器将每个制动器的实际制动力矩等信息反馈给中心控制单元,以保证最佳制动效果。中心控制单元控制制动时间和电控制动器制动力。所以安装了 EMB 后,只需要把 ABS、TCS、ESP 等功能的程序编入中心控制单元,就可以集中实现各种制动安全控制的功能。同时,EMB 分为前轴和后轴两套制动回路 A、B,每套回路都有自己的控制模块和动力源,每个回路都有蓄电池。两个中心控制模块相对独立工作,同时双向的信号线互相通信,当其中一套制动线路失灵或出现故障时,另一套线路可以照常工作,保证制动的安全性。

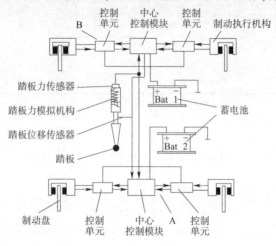

图 8-1-1　EMB 结构简图

电控制动器是 EMB 的制动执行机构,也是其核心部件,它性能的好坏直接影响了电动汽车制动的效果。它一般有四个基本组成部分,即电源、电动机、运动转换装置和制动钳(图 8-1-2)。

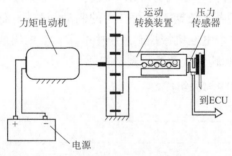

图 8-1-2　电控制动器的组成示意图

电动机经减速装置减速增矩,再由运动转换装置将旋转运动转换为直线运动,驱动制动钳对制动盘进行制动,电动机的运动由电控制动器的控制器控制。

引导问题 3:对 EMB 的性能和结构有什么要求?

💡 **小提示 3：**

1. EMB 的性能和结构要求

(1)电机要小巧而又能提供足够大的力矩。

(2)传动装置能减速增矩,还要将旋转运动转换为直线运动。

(3)整个机构要工作迅速,反应灵敏。

(4)能自动补偿制动间隙,并能实现驻车制动。

(5)有良好的散热性。

(6)整个执行器结构紧凑、体积小、质量轻、以便于安装。

(7)有足够的强度和寿命,以保证安全可靠。

2. EMB 的优越性

以蓄电池为能源,电机为动力装置,相对传统的液压制动系统,具有以下主要优点:

(1)机械连接少,没有制动管路,结构简洁,体积小;载荷传递平稳、柔和,制动性能稳定。

(2)采用机械和电气连接,信号传递迅速,反应灵敏,"路感"好。

(3)传动效率高,节省能源。

(4)电子智能控制功能强大,可以通过修改 ECU 的软件,配置相关的参数来改进制动性能,以实现 ABS、TCS、ESP、ACC 等功能。

(5)模块式结构更加整体化,装配简单,维修方便。

(6)利于环保,没有液压制动管路和制动液,不存在液压油泄漏的问题,EMB 没有不可回收的部件,对环境几乎没有污染。

(7)制动器能量消耗明显降低,主要是由于:所需驱动力明显降低,在最理想点降为 0;增加卡钳接触面所需的能量并不是由电气系统提供的,而是来自车辆的动能。

(8)制动器的尺寸可以大大缩小,这样制动器所需安装空间减小;安装在底盘上的主要部分的质量可以减小;制动器总成的成本可以降低。

(9)较高的动力学性能、可控性以及稳定性。

(10)EMB 用电线传递能量、数据线传递信号,完全摒弃了原有的液压管路等部件,而且无真空助力器,结构简洁、质量轻、体积小,便于发动机舱其他部件的布置,也有利于减轻整车质量和整车结构的设计与布置。

(11)EMB 采用了电控,易于并入车辆综合控制网络中(CAN 总线),并且可以同实现 ABS、TCS、ESP、ACC 等多种功能,这些电子装备的传感器、控制单元等部件可以与 EMB 共用,而无须增加其他的附加装置。避免了像传统制动系统那样,在制动系统线路上安装大量的电磁阀和传感器,使得制动系统结构更加复杂,也增加了液压回路泄漏的隐患。

(12)在传统的制动系统中,踏板至制动主缸的机械结构以及气压液压系统的固有特性,使得制动反应时间长、动态响应速度慢。制动力由零增长到最大大约需要 0.2~0.9s,而且当需要较小的制动力时,动态响应更慢。而 EMB 就不存在这样的问题,EMB 以踏板模拟器代替了传统的机械踏板传力装置,中心控制单元接受踏板模拟器传来的电信号,判断驾驶员的意图,产生相应的控制命令,这样便大大缩短了制动反应时间,而且改善了制动时的脚感,无打脚现象。

(13)不需要将供电系统转换为42V。

3. 博世公司EMB的结构及原理

德国博世公司于1996年10月23日在美国专利局申请了第一篇关于EMB的专利。2003年3月25日发布的"ELECTROMAGNETI CWHEEL BRAKE DEVICE"专利中的EMB结构简图如图8-1-3所示。

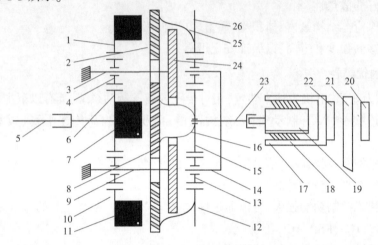

图8-1-3 博世公司EMB结构简图

1、26-齿圈;2、8-摩擦盘;3、9-销钉;4、13-行星轮;5-电机输入轴;6、15-太阳轮;7、11-电磁离合器;10、12-行星轮系;14-行星轮架;16、25-杯形弹簧;17-螺母;18-螺纹滚柱;19-螺纹心轴;20、22-制动钳块;21-制动盘;23-电机输出轴;24-制动环

工作时,动力由电机输入轴5输入内部的两个行星轮系10、12,然后传递给螺纹心轴19,再经螺纹心轴19、螺母17和螺纹滚柱18组成的类似行星齿轮机构转化为螺母17的直线运动。螺母17推动制动钳块22,将制动力施加在制动盘21上。摩擦盘8与行星轮系12的太阳轮15通过一个杯形弹簧16固接在一起,摩擦盘2与行星轮系12的行星齿圈26以同样的方式固接。在两个行星轮系10、12之间有两套电磁离合器7、11。当两个电磁离合器通电时,摩擦盘2、8分别与母体11、7接合,同步运动。不通电时,摩擦盘受制动环限制无法转动。此执行机构有如下4种工作方式:

(1)电磁离合器7通电,11不通电。此时,太阳轮6、15接合同步转动,齿圈26在制动环24的作用下静止,两个太阳轮6、15旋转方向相同,传动比大,可提供迅速克服制动钳块22和制动盘21之间间隙。

(2)两个电磁离合器都通电。此时,太阳轮6、15,齿圈1、26都同步转动。由于太阳轮6、15转动半径相同,齿圈1、26转动半径也相同,而行星轮4的转动半径大于行星轮13,因此行星轮架14转动方向仍然与太阳轮15相同,实现了减速增矩的功能。

(3)电磁离合器7不通电,11通电。此时,齿圈1、26接合,同步转动,太阳轮15在制动环24的作用下静止,此时行星轮架14和齿圈26的旋转方向相反,在不需电动机反转的情况下,即可使制动钳块22和制动盘21分离。此功能可用来调整制动间隙。

(4)两个电磁离合器都不通电。此时,太阳轮15、齿圈26在制动环24的作用下都不转动,行星轮架14亦无法转动,因此制动力矩始终施加在制动钳块22上,实现制动力保持,此种工作方式可用于驻车功能。

4. 西门子公司电子楔式制动器(EWB)的结构及原理

EWB方面,西门子威迪欧汽车电子有限公司的技术源自赫尔曼·冯·黑尔姆霍尔茨联合会(DLR)开发的新型的线控制动技术,这是一项具有高自增力能力电控机械制动器(eBrake)。几位学者Richard Roberts、Martin Schautt、Henry Hartmann、Bernd Gombert、Antonio Pascucci、Dittmar Lange先后详细介绍了EWB的样机结构、基本原理、控制系统以及测试表现,证明了EWB的可行性,此外Martin Schautt、Antonio Pascucci、Henry Hartmann还于2006年1月17日申请了EWB楔形面参数设计的专利(图8-1-4)。

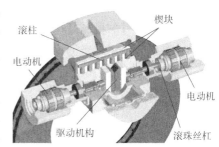

图8-1-4　EWB楔形面参数设计

西门子VDO EWB的主要结构由电动机、滚珠丝杠、楔块、滚柱以及驱动机构组成。楔形块由滚珠丝杠驱动。在这个机构中,作用力通过两个相邻楔形表面的挤压传递。这就允许两个电动机可以一起工作也可以自由地运动对系统加载。它们同时工作的时候,一个滚珠丝杠拉着楔块向拉楔块的方向运动而另一个滚轴丝杠与第一个滚轴丝杠推楔块。这样在消除制动间隙的过程中减小了单个电动机的载荷。而楔块式EMB工作在临界点的时候,两个滚轴丝杠相对地向各自的方向拉楔块。

楔块机构由两个表面呈W形的楔块组成。靠近电动机里面的楔块相对于电动机是静止的,外面的楔块可以做轴向和沿制动盘方向的运动。这种结构分担了载荷并且使车辆在向任何方向行驶时都有自增力效果。在两楔块之间加有圆柱滚子,以减小制动钳传来的滑动摩擦力。外侧安装制动衬块的楔块,通过一个预紧的弹簧连接在静止的楔块上。外面的楔块通过轴承表面传递轴向驱动力,这就允许楔块可以相对于电动机中心线移动。

❓ **引导问题4**:以上两种EMB均是以钳盘式制动器为基体,主要有哪些不同之处?
_____
_____

❓ **引导问题5**:EMB具有很多传统制动系统所不具备的优势,但其发展时间短,存在哪些亟待解决的问题?
_____
_____

💡 **小提示4**:

(1)博世公司的EMB采用的是电动机外置,而西门子和德国大陆特维斯公司采用的都是电动机内置结构,把电动机的定子和转子与其他零件接合在一起。这种布置方式能够使结构更紧凑,体积更小巧,增加了结构的复杂性。博世公司的EMB并没有特殊设计的间隙调整机构,因此使制动器的结构相对简单。

(2)西门子公司楔块式 EWB 应用的是一种全新的制动理念,结构上也与 EMB 有较大差异。西门子公司的 EMB 采用了增力杠杆结构,当心轴轴向移动推动增力杠杆和压力盘时,压力盘是不转动的,由于心轴和压力盘在杠杆两侧的力臂不同,压力盘的力臂短,这就使压力盘的压力大于心轴产生的轴向推力,起到了增力的作用。另外西门子公司的 EMB 还具备间隙自动调整功能。这种制动盘和制动垫块的间隙自动补偿方式是其特有的结构,完全是由执行机构本身的机械结构自动实现的。西门子公司的 EMB 内部还带有环形压电式力传感器和位移传感器用来测量心轴移动的轴向距离,工作性能更为可靠。

(3)如果系统线路出现断路或者电源出现故障,制动系统应该如何动作?如果制动踏板模拟器出现故障该如何处置?

①由于在高速制动过程中会产生大量的热量,因此需要加强系统的热稳定性和散热性能。需要反复实验验证驱动电机和其他部件在高温条件下的工作性能和稳定性。

②电子制动系统采用大量的电控技术,难以避免有大量的电路,又由于车辆工况复杂而且在外部暴露的电磁场和地球磁场环境中工作,这就需要加强电子制动系统的抗干扰能力。

③驱动电机动作需要消耗大量的电能,这是对目前车辆使用的 12V 电源的一个考验,未来将采取 42V 的电压来为系统提供能量。

④目前车辆 EMB 还要加强与其他现行车辆电控系统的整合,最好可以形成一体化、模块化的底盘控制系统,对车辆进行综合控制。

⑤由于采用了大量的传感器、控制芯片和新的技术,使得目前电子制动系统的成本比现有的液压制动系统成本高,因此降低系统的使用成本也是当前需要解决的问题。

引导问题 6:装有 ABS 和没装 ABS 的汽车在湿滑路面紧急制动时有什么区别?

小提示 5:

电动汽车在制动时,车速与轮速之间产生速度差,车轮发生滑移现象。滑移率 λ 的定义为:

$$\lambda = \frac{车速 - 轮速}{车速} \times 100\%$$

$$轮速 = 车轮转速 \times 车轮半径$$

ABS 的控制原理如图 8-1-5 所示,在非制动状态(滑移率为 0)下,制动附着系数等于 0。

在制动状态下,滑移率达到最优滑移率时,制动附着系数最大,在此之前的区域为稳定区域;之后,随着滑移率的增大,制动附着系数反而减小,侧向附着系数也下降很快,汽车进入不稳定区域,特别是当滑移率为 100% 时,侧向附着系数接近于 0,也就是汽车不能承受侧向力,这是很危险的。

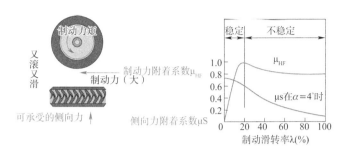

图 8-1-5 ABS 的控制原理

所以应将制移滑移率控制在稳定区域内。附着系数的大小取决于道路的材料、状况以及轮胎的结构、胎面花纹和车速等因素。

ABS 由汽车 ECU 控制,当车辆制动时,它能使车轮保持转动,从而帮助驾驶员控制车辆安全停车(图 8-1-6)。这种防抱制动系统是用速度传感器检测车轮速度,然后把车轮速度信号传送到 ECU 里,ECU 根据输入车轮速度,通过重复地减少或增加在轮子上的制动压力来控制车轮的打滑率,保持车轮转动。在制动过程中保持车轮转动,不但可保证控制行驶方向的能力,而且,在大部分路面情况下,与抱死(锁死)车轮相比,能提供更高的制动力量。

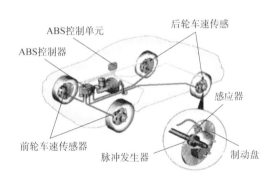

图 8-1-6 ABS 的组成

在常见的 ABS 中,每个车轮上各安装一个转速传感器,将有关各车轮转速的信号输入电子控制装置。电子控制装置根据各车轮转速传感器输入的信号对各个车轮的运动状态进行监测和判定,并形成相应的控制指令。制动压力调节装置主要由调压电磁阀组成,电动泵和储液器等组成一个独立的整体,通过制动管路与制动主缸和各制动轮缸相连。制动压力调节装置受电子控制装置的控制,对各制动轮缸的制动压力进行调节。ABS 的工作过程可以分为常规制动、制动压力保持、制动压力减小和制动压力增大等阶段。

1. 在常规制动阶段

ABS 并不介入制动压力控制,调压电磁阀总成中的各进液电磁阀均不通电而处于开启状态,各出液电磁阀均不通电而处于关闭状态,电动泵也不通电运转,制动主缸至各制动轮缸的制动管路均处于沟通状态,而各制动轮缸至储液器的制动管路均处于封闭状态,各制动轮缸的制动压力将随制动主缸的输出压力而变化,此时的制动过程与常规制动系统的制动过程完全相同(图 8-1-7)。ABS 系统的组成如图 8-1-8 所示。

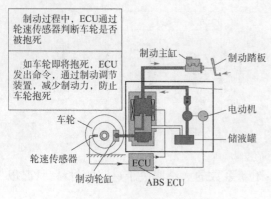
图 8-1-7 常规制动阶段

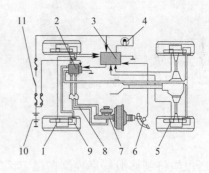
图 8-1-8 ABS 系统的组成(分置式)
1-前轮速度传感器;2-制动压力调节装置;3-ABS/ECU;4-ABS 警告灯;5-后轮速度传感器;6-停车灯开关;7-制动主缸;8-比例分配阀;9-制动轮缸;10-蓄电池;11-点火开关

2. 制动增压状态

ABS、ECU 3 不断地从传感器 1 和 5 获取车轮速度信号,并加以处理,分析是否有车轮即将抱死拖滑。

如果没有车轮即将抱死拖滑,制动压力调节装置 2 不参与工作,制动主缸 7 和各制动轮缸 9 相通,制动轮缸中的压力继续增大,此即 ABS 制动过程中的增压状态。

3. 制动保压状态

如果 ECU 判断出某个车轮(假设为左前轮)即将抱死拖滑,它即向制动压力调节装置发出命令,关闭制动主缸与左前制动轮缸的通道,使左前制动轮缸的压力不再增大,此即 ABS 制动过程中的保压状态。

4. 制动减压状态

若 ECU 判断出左前轮仍趋于抱死拖滑状态,它即向制动压力调节装置发出命令,打开左前制动轮缸与储液室或储能器的通道,使左前制动轮缸中的油压降低,此即 ABS 制动过程中的减压状态。

任务实施

引导问题 7:制动系统如何利用三相电流驱动装置的减速电动势来增加电力驱动的续驶里程?

_____

_____

小提示 6:

1. 制动能量回收系统概念

带制动能量回收功能的制动系统是为带三相电流驱动装置的车辆开发的。根据电机转速、高压蓄电池的温度和充电水平,三相电流驱动装置可在交流发电机模式下使车辆减速。这些相关因素会使电气减速产生波动,并且可能需要进行液压补偿。电气减速和液压减速之间的交替变化被称为混合制动。

电力驱动装置的动力和控制电子设备将生成的能量提供给高压蓄电池。当驾驶员进行制动时,制动系统利用三相电流驱动装置的减速电动势来增加电力驱动的续驶里程。

制动系统(图 8-1-9)包括:串联式制动主缸、车轮制动器、机电式制动助力器(eBKV)、ESC/ABS 系统、制动系统蓄压器、三相电流驱动装置。机电式制动助力器可增大驾驶员施加的制动踏板操纵力。

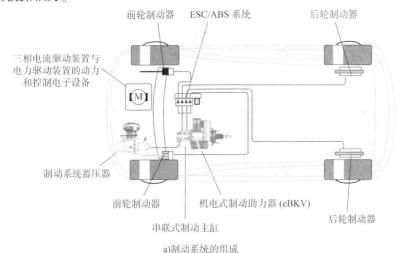

a) 制动系统的组成

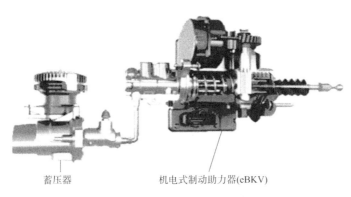

b) 机电式制动助力器(eBKV)系统组件

图 8-1-9 制动系统

2. 机电式制动助力器(eBKV)组成及工作原理

驾驶员操纵制动踏板,推杆传递踏板操纵力,并通过活塞杆将其传送到串联制动主缸。推杆向左移动特定的数值量。该数值通过制动踏板位置传感器 G100 传送至制动助力控制单元 J539。与此同时,机电式制动助力器收到电动机的位置信息。该信息来自制动助力器的发动机(电动机)位置传感器 G840(安装于电动机/变速器单元中)。机电式制动助力器中的制动助力控制单元 J539 根据驾驶员的制动要求和电动机位置信息计算所需增加的制动力。同时,轴向驱动小齿轮轴的加强套管被移动到左侧,为驾驶员施加的制动力提供支持。可将制动力放大6倍(图8-1-10)。

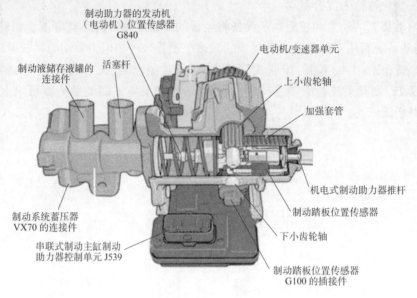

图 8-1-10 机电式制动助力器(eBKV)组成及工作原理

3. 蓄压器组成及工作原理

制动系统蓄压器 VX70 可在需要时存储制动液,并可将其导回制动系统中。其目的在于降低制动压力。如果制动助力控制单元 J539 识别到交流发电机减速不足,则制动液会受压从蓄压器 VX70 返回至制动系统中。相应信号从制动助力控制单元 J539 发送至蓄压器 VX70 的控制单元。如果交流发电机减速充足,则车轮制动器上的制动压力降低。这是通过制动液流入蓄压器 VX70 实现的。然后用于能量回收的制动蓄压器电动机 V545 将活塞推回(图8-1-11)。

1)减速请求

驾驶员踩下制动踏板以使车辆减速并将其完全停止(如需要)。驾驶员的制动请求是利用制动踏板位置通过制动助力控制单元 J539 传达的(图8-1-12)。

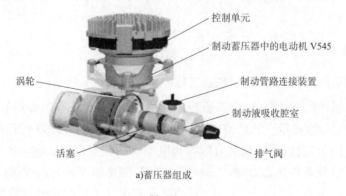

a)蓄压器组成

图 8-1-11

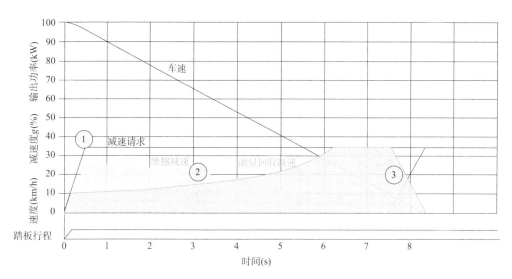

b)混合制动工作过程曲线图

图 8-1-11 蓄压器组成及工作原理

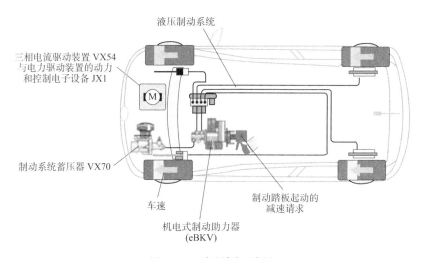

图 8-1-12 减速请求示意图

2)摩擦减速

驾驶员的减速请求会增加液压制动系统中的压力以降低车速(图 8-1-13)。

3)能量回收减速

(1)再生减速的支持。

制动助力控制单元 J539 从电力驱动装置的动力和控制电子设备 JX1 接收到三相电流驱动装置 VX54 能够支持液压制动系统的信息。当车辆高速行驶时,会出现此情况。根据可用的交流发电机制动转矩,制动压力不会增加或者会降低。随着车速降低,交流发电机的制动转矩增大。然后,车轮上的制动压力会根据可用的交流发电机制动转矩而降低。为此,制动系统蓄压器 VX70 吸入制动液,使液压制动系统中的压力降低。这意味着在特定时间段内可仅利用交流发电机的制动转矩进行减速(图 8-1-14)。

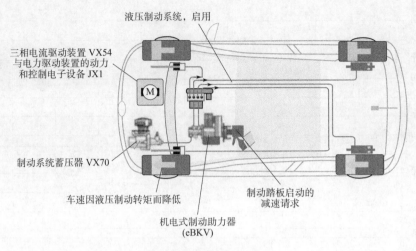

图 8-1-13　摩擦减速示意图

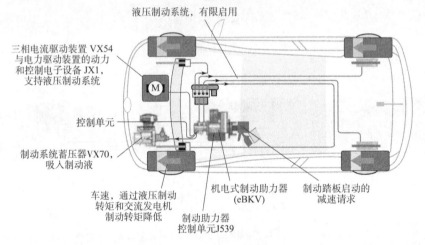

图 8-1-14　再生减速的支持示意图

(2) 三相电流驱动装置的支持不足。

如果在减速过程中交流发电机的制动转矩降低,则制动助力控制单元 J539 会向制动系统蓄压器 VX70 的控制单元发送一个信号。然后,蓄压器将存储的制动液返回制动系统,使液压制动系统中的压力增加。当车辆制动并且完全停止时,出现此情况。当车速低于 10km/h 时,交流发电机转矩会降低。此时,车辆通过液压进行制动(图 8-1-15)。

引导问题 8:什么是液压制动功能备份机制?

小提示 7:

功能备份机制如下。

(1) 当机电式制动助力器出现零部件故障(如控制器、助力电机、传感器等),导致没有制动助力,机电式制动助力器会在整车组合仪表中亮黄色或红色制动警告灯。ESC 如果仍正常工作的话,驾驶员此时制动,则 ESC 会启动液压制动增强(HBV)功能给驾驶员以制动踏板助力。

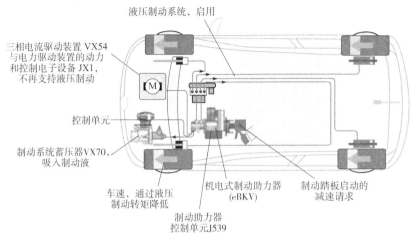

图 8-1-15　三相电流驱动装置的支持不足示意图

(2)当机电式制动助力器和 ESC 同时出现功能故障,没有制动助力的时候,机电式制动助力器会像传统真空助力器一样,能保证通过机械装置仍能满足 500N 踏板力下 $0.25g$ 的整车减速度。

评价反馈

考核内容与评分标准见表 8-1-3。

考核内容与评分标准　　　　　　　　　　　　　　　　　　　　　表 8-1-3

考核项目		考核内容	评分标准	分数	小组互评	教师评价	得分
理论考核 (60%)		采用笔试形式,在每个任务结束时实施,考核内容是结构与原理等	选择题30%; 判断题30%; 填空题20%; 简答题20%	60	—		
实操考核 (40%)	过程考核 (20%)	团队合作、活动参与	是否和谐	2			
		安全规范操作	有无安全隐患	2			
		现场8S(整理、整顿、清理、清扫、安全、服务、素养、节约)	是否做到	2			
		制订安装与调试作业实施计划	方案是否正确、合理	2			
		操作过程	1.学生8人一组,在电气学习训练区完成实训任务,教师及小组互检评分; 2.每人撰写实训报告并在小组进行交流,根据在小组活动中的表现进行小组互评	12			

续上表

考核项目		考核内容	评分标准	分数	小组互评	教师评价	得分
实操考核 (40%)	结果考核 (20%)	任务完成情况	是否圆满完成	10			
		工具、设备使用	是否规范、标准	5			
		劳动纪律	是否能严格遵守	3			
		工作页填写	是否完整、规范	2			
合计		教师签名：	年　　月　　日				

任务 2　电动汽车制动系统的安装与检测

学习目标

完成本学习任务后，你应当能够：

1. 进行电动汽车制动系统(以 ESP 为例)的拆装与检测；
2. 叙述电动汽车制动系统(以 ESP 为例)安装注意事项；
3. 查阅工作手册，分析电动汽车制动器针脚定义；
4. 在实训中实施 8S 规定，正确使用电气安装与调试工量具。

任务书

实训任务单见表 8-2-1。

实　训　任　务　单　　　　　　　　　表 8-2-1

专业班组		班长		日期	
实训任务	电动汽车制动系统的安装与检测				
检查意见：					
签字：					

任务分组

学生任务分配见表 8-2-2。

学生任务分配表　　　　　　　　　　表 8-2-2

班级		组号		指导老师	
组长		学号			
组员	姓名		学号	姓名	学号
任务分工					

获取信息

引导问题 1：车身电子稳定系统（ESP）控制模块总成拆卸过程中有哪些注意事项？

引导问题 2：断开 ESP 控制器线束连接器时有什么技术要求？

任务实施

引导问题 3：威马汽车 X5 复位 ESP 控制器总成时，安装 ESP 控制器总成的 3 个固定螺栓的力矩是多大？

小提示 1：

1. ESP 控制模块总成拆卸的注意事项

制动液对人体有一定腐蚀性，如果制动液接触到皮肤，应用水冲洗干净；如果不慎进入眼睛，要用水冲洗干净，并立即就医。

勿弯曲制动液管，制动器可能失效并引发事故。

不要让制动液接触车辆漆面，这会损坏油漆。用水冲洗所有覆在车辆漆面的制动液。

2. ESP 控制模块总成拆装

ESP 控制模块总成拆装步骤见表 8-2-3、表 8-2-4。

ESP 控制模块总成拆卸步骤　　　　表 8-2-3

序号	拆卸顺序	示意图
1	打开前机舱,将车支撑起,拆下车轮	—
2	拆卸前机舱储物盒总成	—
3	打开制动液储罐盖,在下部放置集液盘,排出制动液	—
4	拆下制动主缸 1 号和 2 号制动液管螺母	
5	拆下 4 根制动液管	
6	断开 ESP 控制器线束连接器。 注意:拆除插接件时,不要将制动液流入插件	
7	拧松 ESP 控制器总成的 3 个螺母,取出 ESP 控制器总成	

ESP 控制模块总成安装步骤 表 8-2-4

序号	安装程序	示意图	参数
1	复位 ESP 控制器总成,安装 ESP 控制器总成的 3 个固定螺栓		力矩:9.5N·m
2	连接 ESP 控制器线束连接器		—
3	安装 4 根制动液管		力矩:19N·m
4	安装制动主缸 1 号和 2 号制动硬管总成		力矩:19N·m
5	加注制动液并排出空气,安装车轮,将车降下	—	—
6	安装前机舱储物盒总成	—	—

引导问题 4:ESP 控制单元包含哪些基本功能?

引导问题 5:对照图 8-2-1 说明 ESP 和 ABS 安装位置一样吗?

小提示2：

ESP 的组成如图 8-2-1 所示。

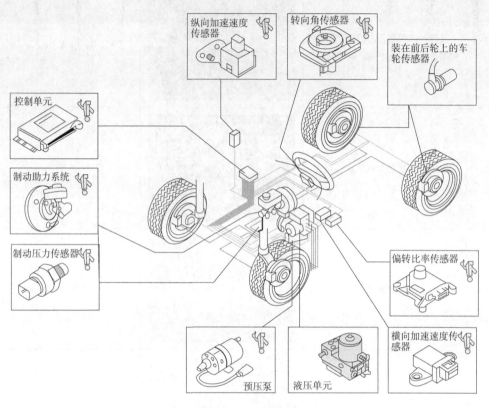

图 8-2-1　ESP 的组成

1. ESP 的基本功能

1）实现电子制动力分配（EBD）功能

EBD 能够识别后轮先于前轮抱死的趋势，及时调整后轮制动力，保证后轮不先于前轮抱死，保证车辆稳定性。

系统为自动开启状态，当驾驶员制动时，系统自动监控前后轮的滑移率并进行比较，在 ABS 起作用前，通过阀门调节后轮管路压力，使前后轮能够同时抱死。系统监测到故障时，EBD 功能会立即关闭。

EBD 失效时，仪表上红色的 EBD 故障灯会点亮，直至故障排除。故障排除后，在下一点火循环恢复功能。

2）实现制动防抱死功能

ABS 能够在早期识别出某一个或几个车轮抱死的趋势，并降低这一个或几个车轮的制动压力，保证即使是在紧急制动车辆时，驾驶员能够躲避障碍物并降低车速或是停车。

系统为自动开启状态，当驾驶员制动时，系统自动监控各前后轮的滑移率，在车轮抱死前，通过保压、减压、增压等阶段，调节轮缸液压，使车轮滑移率处于规定的范围，防止车轮抱死。系统监测到故障时,ABS 功能会立即关闭。

系统上电时,会进行自检,此时仪表指示灯常亮,几秒后若无故障则熄灭。系统监测到 ABS 失效时,仪表上黄色 ABS 故障灯会点亮,直至故障排除。故障排除后,在下一点火循环恢复功能。

3) 实现牵引力控制系统(TCS)功能

TCS 功能能够识别车辆起步或者加速过程中的驱动轮打滑趋势,通过干预动力管理控制或者施加车轮制动,控制车轮滑转率,保证车辆的驱动稳定性和舒适性。

系统为自动开启状态,驾驶员可以通过面板上的 ESP OFF 开关进行关闭。功能开启,启动或加速时,系统自动监控驱动轮的滑转率,超过设定值范围时,系统通过降低动力输出扭矩或对车轮进行液压制动,防止车轮打滑以致侧向附着力降低;低于设定值范围时,增加动力输出(不高于驾驶员需求)和降低制动力矩。系统监测到故障时,TCS 会立即关闭。当驾驶员需求转矩小于可能的输出转矩时,TCS 对动力输出的干预会立即停止。

系统上电时,会进行自检,此时仪表指示灯常亮,几秒后若无故障则熄灭。TCS 失效时,仪表上黄色 ESP 故障灯会点亮,若故障不排除,故障灯会一直点亮。故障排除后,在下一点火循环恢复功能。ESP OFF 开关被按下,TCS 功能关闭,仪表上 ESP OFF 灯常亮。

4) 实现液压制动辅助系统(HBA)功能

HBA 防止紧急情况下驾驶员踩下制动踏板的力度不足,能够在需要紧急制动时为驾驶员提供最大制动辅助,减少制动距离。

系统为自动开启状态,若监测到驾驶员踩下踏板的速度和力度超过门限值,则自动增加制动液压至车轮抱死压力。

系统监测到 HBA 失效时,无故障灯提示(但通常 HBA 失效同时伴随 ESP 失效)。

2. 典型 ESP 车身稳定系统检测与调试

1) 检查 ESP 控制模块

注意:ESP 控制模块的安装螺栓和支架间有橡胶减振垫,橡胶减振垫的作用是使液压电子控制单元免受车辆振动影响,液压电子控制单元不可分解,作为总成更换。

ESP 控制模块控制系统功能并检测故障。当点火开关接通并且未出现防抱死制动系统故障诊断码时,系统给继电器通电,从而向电磁阀和泵提供蓄电池正极电压。ESP 控制模块不断检测车轮的状态,控制车轮的滑移率保持在一定的范围内,从而保持车辆的稳定性。液压控制管路采用对角线分路式配置,使制动主缸的油液一路流向左前轮和右后轮,另一路油液流向右前轮和左后轮。对角分路在液压控制上是独立的,这样当一条制动主管路泄漏或出现故障时,另一路可保证连续的制动能力。

2) 检查 ESP 控制模块包括如下主要部件

(1) ESP 控制模块。

(2) ESP 泵及其继电器。

(3) 进油阀,每个进油阀控制一个车轮。

(4) 排油阀,每个排油阀控制一个车轮。

(5) 电磁线圈继电器。

3）检查车轮速度传感器

车轮速度传感器是霍尔型转速传感器，随着车轮旋转，ABS 控制模块利用轮速信号计算车轮速度。车轮速度传感器可以单独更换，但信号盘（齿圈）镶在半轴上，和半轴一同更换。

4）检查制动信号开关

踩下制动踏板时点亮制动灯，同时向 ABS 控制模块发送制动信号。

5）检查 ABS 警告灯

位于组合仪表上，通过点亮来通知驾驶员 ABS 发生故障，当发生如下事件时，仪表板组合仪表将启亮 ABS 警告灯：

（1）ABS 控制模块检测到 ABS 系统有故障，组合仪表通过 CAN 总线从 ABS 控制模块接到一条请求启亮信息。

（2）组合仪表在每个点火循环开始时执行自检测试，指示灯启亮约 3s。

（3）组合仪表检测到与 ABS 控制模块之间的通信丢失。

6）检查 EBD 警告灯

位于组合仪表上，通过点亮来通知驾驶员 EBD 发生故障。当 ABS 警告灯亮但 EBD 警告灯不亮时仍有 EBD 功能，当 ABS 警告灯和 EBD 警告灯等都亮时 ABS 和 EBD 功能都失效。

7）检查 ESP OFF 警告灯

位于仪表控制面上，通过点亮来通知驾驶员 ESP 功能关闭。

8）自诊断测试

ABS 控制模块在每次启动开关打开时执行一次自诊断测试，只要 ABS 有电，处于工作状态，都会对性能进行监控。一旦发现错误，会立即报警，直至错误消失，错误码会保留在 ABS 存储器中，直至手动消除。

9）诊断说明

可通过车辆的数据连接器诊断接口读取故障代码，利用 ESP 控制模块的数据表，通过读取智能测试仪上显示的数据表，可在不拆卸任何零件的情况下执行读取开关和传感器值的功能。读取数据表是故障排除的第一步，也是减少诊断时间的方法之一。

10）检查针脚系统端子

以威马（X5）ER21 线束连接器为例，如图 8-2-2 所示。线束连接器端子功能定义见表 8-2-5。

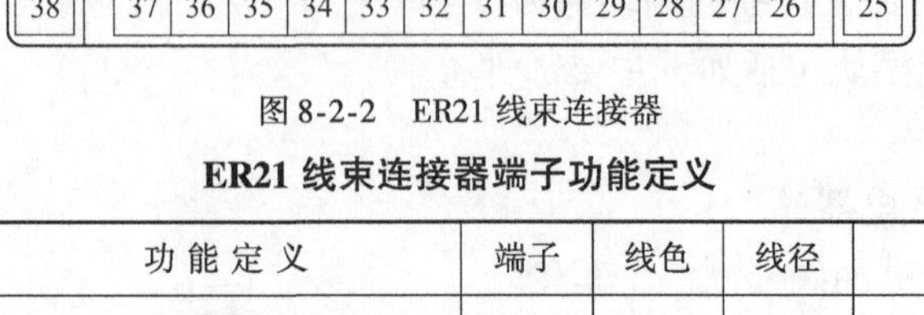

图 8-2-2　ER21 线束连接器

ER21 线束连接器端子功能定义　　　　　　　　　　　　　　表 8-2-5

端子	线色	线径	功能定义	端子	线色	线径	功能定义
1	R	4.00	电源	19	R	0.50	左前轮速传感器 +
4	Y/W	0.50	右前轮速传感器 −	25	R	2.50	KL.30_V

续上表

端子	线色	线径	功能定义	端子	线色	线径	功能定义
8	R/B	0.50	左前轮速传感器 -	26	Y/B	0.50	HICANHI
13	B	4.00	搭铁_P	28	G/W	0.50	KL.15
14	G/Br	0.50	HICANLO	29	W/B	0.50	右后轮速传感器 -
16	Y	0.50	右前轮速传感器 +	30	V/O	0.50	盲点监测 +
17	W	0.50	右后轮速传感器 +	31	L/B	0.50	左后轮速传感器 +
18	G/Y	0.50	左后轮速传感器 +	38	B	2.50	接地

评价反馈

考核内容与评分标准见表 8-2-6。

考核内容与评分标准　　　　　表 8-2-6

考核项目		考核内容	评分标准	分数	小组互评	教师评价	得分
理论考核（60%）		采用笔试形式，在每个任务结束时实施，考核内容是结构与原理、安装与调试等	选择题30%；判断题30%；填空题20%；简答题20%	60	—		
实操考核（40%）	过程考核（20%）	团队合作、活动参与	是否和谐	2			
		安全规范操作	有无安全隐患	2			
		现场8S（整理、整顿、清理、清扫、安全、服务、素养、节约）	是否做到	2			
		制订安装与调试作业实施计划	方案是否正确、合理	2			
		操作过程	1. 学生8人一组，在电气学习训练区完成实训任务，教师及小组互检评分； 2. 每人撰写实训报告并在小组进行交流，根据在小组活动中的表现进行小组互评	12			
	结果考核（20%）	任务完成情况	是否圆满完成	10			
		工具、设备使用	是否规范、标准	5			
		劳动纪律	是否能严格遵守	3			
		工作页填写	是否完整、规范	2			
合计		教师签名：		年　　月　　日			

任务 3　电动汽车真空助力制动系统安装

> **学习目标**
>
> 完成本学习任务后,你应当能够:
> 1. 在教师的指导下,安装电动汽车真空助力制动系统;
> 2. 叙述电动汽车真空助力制动系统结构与安装注意事项;
> 3. 正确使用安装与调试工具,完成真空泵和控制器的功能调试。

任务书

实训任务单见表 8-3-1。

实 训 任 务 单　　　　　　　　　　表 8-3-1

专业班组		班长		日期	
实训任务		电动汽车真空助力制动系统安装			
检查意见:					
签字:					

任务分组

学生任务分配见表 8-3-2。

学生任务分配表　　　　　　　　　表 8-3-2

班级		组号		指导老师	
组长		学号			
组员	姓名		学号	姓名	学号
任务分工					

获取信息

引导问题1： 电动汽车真空助力制动系统有哪些基本功能？

_____

_____

💡 **小提示1：**

电动汽车真空助力制动系统管路结构包括真空助力器、真空泵、真空罐、压力传感器、真空管（图8-3-1）。真空泵用于抽取系统内部的空气，从而保证真空助力系统内部的真空度。当车辆制动或者减速行驶，驾驶员踩下制动踏板时，真空助力器将起作用并消耗系统内的真空。此时，真空管及真空罐内的真空通过三通阀流向真空助力器，系统内真空度下降，当真空度下降到控制单元所设定的真空度范围时，所述压力传感器发送信号至控制单元，控制单元将向所述真空泵发出指令，真空泵工作，真空助力器、真空罐内的空气经过真空管被真空泵排到大气中，系统内重新建立真空度。在行车过程中制动，仍能保持一定的真空度，能起到制动安全，保证制动的可靠性。

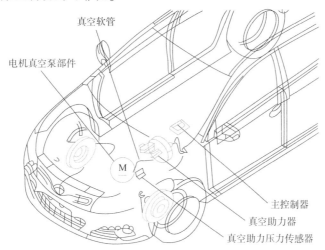

图8-3-1 真空助力制动系统位置示意图

任务实施

1. 拆装真空助力制动系统的主要部件

安装真空助力制动系统主要部件步骤见表8-3-3。

2. 拆装电动制动真空泵总成

拆装电动真空泵总成的步骤见表8-3-4、表8-3-5。

3. 拆装真空罐总成

拆卸真空罐总成的步骤见表8-3-6、表8-3-7。

安装真空助力制动系统的主要部件 表8-3-3

序号	名称	示意图	位置	主要任务
1	真空助力器		真空助力器安装在驾驶员侧发动机舱后部	制动踏板通过推杆直接连接到真空助力器。真空助力器输出杆直接连接到制动主缸的主要活塞。真空助力器在钢容器内具有一个橡胶膜片。真空吸引钢容器一侧,气压推动另一侧,气压将增加对推杆施加的作用力,这可增加对总泵活塞施加作用力,系统中的液压制动力增加,制动力增加
2	电动真空助力泵		真空泵安装在驱动电桥总成的左侧	真空泵是电气控制泵,安装在驱动电桥总成的左侧。它为制动助力器提供真空。VCU控制模块控制真空泵工作。VCU计算何时通过真空传感器信号为真空泵加电
3	压力传感器		真空传感器安装在真空管上,制动助力器附近	真空传感器测量制动助力器中的压力。控制模块为真空传感器提供5V电源且使其搭铁。真空传感器正常工作范围电压为4.75~5.25V,为VCU提供信号。VCU从传感器信号计算真空罐中的压力
4	真空罐		真空罐安装在前端模块总成的左侧	真空罐主要是用来储存负压真空,保护真空泵,使电动真空助力泵处于间歇工作状态。在电动真空助力泵不工作的情况下,真空罐为真空助力器提供负压真空

拆卸电动制动真空泵总成的步骤　　　　表 8-3-4

序号	拆卸顺序	配　图
1	打开前机舱盖,拆卸蓄电池负极搭铁线	
2	将车辆支撑起,拆卸机舱左护板	
3	拆卸真空管和断开电动真空泵线束连接器	
4	拆卸固定电动真空泵的2个螺栓,并取下电动真空泵	

安装电动真空泵总成的步骤　　　　表 8-3-5

序号	安装顺序	示　意　图	参　　数
1	定位电动真空泵,并固定电动真空泵的2个螺栓		力矩:9.5N·m
2	连接电动真空泵线束连接器,安装真空管		—
3	安装底部护板,降下车辆		—
4	连接蓄电池负极搭铁线		

拆卸真空罐总成的步骤　　　　表 8-3-6

序号	拆卸顺序	示　意　图
1	打开前机舱盖,拆卸蓄电池负极搭铁线	—
2	拆卸左前车轮	—
3	拆卸左前翼子板衬板	—
4	拆卸真空管和压力阀线束连接器	

序号	拆卸顺序	示意图
5	拆卸固定真空罐的2个螺栓,并取下真空罐	

安装真空罐总成的步骤　　　　　　　　表 8-3-7

序号	安装顺序	示意图	参数
1	复位真空罐并安装固定真空罐的2个螺栓		力矩:21N·m
2	安装真空管和压力阀线束连接器		—
3	安装蓄电池负极搭铁线	—	—
4	安装左前翼子板衬板	—	—
5	安装左前车轮	—	—

4. 真空泵和控制器的功能调试

(1) 车辆静止状态下打开钥匙开关(ON 挡),踩下制动踏板 1~3 次后观察真空泵的状态,并据此判断制动系统的工作状态是否正常。

制动系统正常工作时,真空泵会保持真空压力在 50~70kPa 之间,由于制动踏板踩下后会造成真空管路的真空度降低(绝对压力提高),当接收到真空压力传感器信号时,系统判断此压力不在保持压力范围内,会自动启动真空泵运转,此时可听到真空泵运转的"嗡嗡"声,并在 3s 左右后真空度到达设定值时停止运转;如若不然,则可初步判断系统工作不正常。制动真空泵运转 5min 后(反复踩下制动踏板至真空泵连续运转几次),检查真空泵有无异响和异味,并检查真空泵控制器及连接线是否变形发热。如果真空泵出现异响或异味,有可能是真空泵内部严重磨损造成的。

(2) 真空管路密封性调试。

在制动真空泵工作时,检查连接软管有无漏气现象,检查各气管连接处有无破损或泄漏。制动软管不能扭曲,在最大转向角度时,制动软管不得接触到汽车零件。

(3)相关线路调试。

查找真空助力制动系统工作电路及原理图,分析工作原理,如电源、搭铁、控制单元、传感器及真空泵电路(图8-3-2)。根据电路图,检查驾驶舱内熔断丝盒上的SB06熔断丝(30A),它是真空泵的主供电熔断丝。

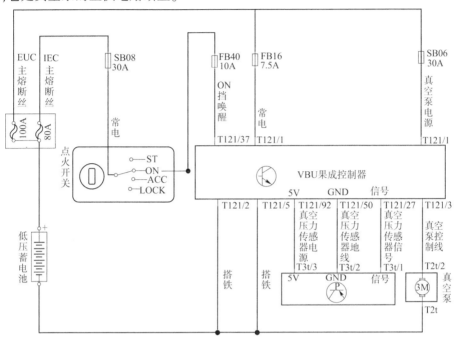

图8-3-2 真空助力制动系统工作电路图

评价反馈

考核内容与评分标准见表8-3-8。

考核内容与评分标准　　　　　　　　　　表8-3-8

考核项目		考核内容	评分标准	分数	小组互评	教师评价	得分
理论考核(60%)		采用笔试形式,在每个任务结束时实施,考核内容是结构与原理、安装与调试等	选择题30%; 判断题30%; 填空题20%; 简答题20%	60	—		
实操考核(40%)	过程考核(20%)	团队合作、活动参与	是否和谐	2			
		安全规范操作	有无安全隐患	2			
		现场8S(整理、整顿、清理、清扫、安全、服务、素养、节约)	是否做到	2			
		制订安装与调试作业实施计划	方案是否正确、合理	2			

续上表

考核项目		考核内容	评分标准	分数	小组互评	教师评价	得分
实操考核（40%）	过程考核（20%）	操作过程	1.学生8人一组,在电气学习训练区完成实训任务,教师及小组互检评分； 2.每人撰写实训报告并在小组进行交流,根据在小组活动中的表现进行小组互评	12			
	结果考核（20%）	任务完成情况	是否圆满完成	10			
		工具、设备使用	是否规范、标准	5			
		劳动纪律	是否能严格遵守	3			
		工作页填写	是否完整、规范	2			
合计		教师签名：	年　　月　　日				

项目九 电动汽车电子辅助设备安装与调试

任务1 电动汽车照明与信号系统安装与调试

> **学习目标**
>
> 完成本学习任务后,你应当能够:
> 1. 在教师的指导下,进行照明与信号系统安装与调试;
> 2. 叙述电动汽车照明与信号系统的特点;
> 3. 分析电动汽车照明与信号系统构成与工作原理;
> 4. 在实训中实施8S,正确使用电气安装与调试工量具。

任务书

实训任务单见表9-1-1。

实 训 任 务 单　　　　　　　　　表9-1-1

专业班组		班长		日期	
实训任务	电动汽车照明与信号系统安装与调试					
检查意见:					
签字:					

任务分组

学生任务分配见表9-1-2。

学生任务分配表　　　　　　　　　　　　　　表 9-1-2

班级		组号		指导老师	
组长		学号			
组员	姓名		学号	姓名	学号
任务分工					

获取信息

引导问题 1：电动汽车灯具按照功能分为哪几类？汽车照明灯按照其安装的位置及功能分为哪几类？汽车信号灯分为哪几类？

_____

_____

小提示 1：

汽车灯具按照功能功用划分,主要有两类:汽车照明灯和汽车信号灯,如图 9-1-1 所示。

汽车照明灯按照其安装的位置及功用划分主要有：前照灯、雾灯、牌照灯、仪表灯、顶灯、工作灯等,如图 9-1-2 所示。

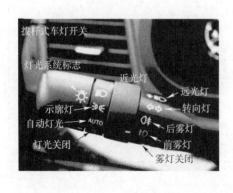

图 9-1-1　汽车灯具按照功能分类

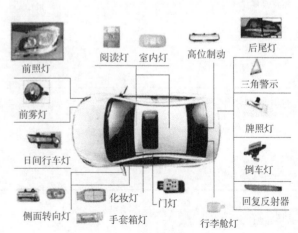

图 9-1-2　照明灯按照安装的位置分类

汽车信号灯按功用划分主要有：转向信号灯、危险报警灯、示廓灯、尾灯、制动灯、倒车灯等。

小提示2：

1. 汽车照明系统的结构原理

为了方便汽车行驶,保证行车安全,在汽车上都装有多种照明及信号设备。汽车照明及信号装置构成了汽车电气设备中一个独立电路系统。一般轿车有15～25个外部照明灯和约40多个内部照明灯。这就说明该系统在现代汽车上的重要作用。汽车照明系统主要由灯具、电源和控制电路(包括控制开关)三部分组成。

1）前照灯

前照灯又叫前大灯,装于汽车头部两侧,用于夜间行车道路的照明。有两灯制和四灯制之分。每辆车安装2只或4只,装于外侧的一对应为近、远光双光束灯,装于内侧的一对应为远光单光束灯。

前照灯灯光光色为白色,灯泡功率远光灯为45～60W,近光灯为25～55W。要求前照灯应能保证提供车前100m以上路面明亮、均匀的照明,并且不应对迎面来车的驾驶员造成眩目。随着车速的不断提高,汽车上的前照灯的照明距离可达到200～300m。

2）雾灯

雾灯安装于汽车的前部和后部。用于在雨雾天气行车时照明道路和为迎面来车及后面来车提供信号。前雾灯安装在前照灯附近,一般比前照灯的位置稍低,因为雾天能见度低,驾驶员视线受到限制。红色和黄色是穿透力最强的颜色,前雾灯光色为黄色,这是因为黄色光波较长,具有良好的透雾性能,灯泡功率一般为35W。后雾灯采用单只时,应安装在车辆纵向平面的左侧,与制动灯间的距离应大于100mm,后雾灯灯光光色为红色,以警示尾随车辆保持安全距离,灯泡功率一般为21W。

3）倒车灯

倒车灯装于汽车尾部,用于倒车时汽车后方道路照明和警告其他车辆和行人,表示该车正在倒车,兼有灯光信号装置的功能。倒车灯光为白色,功率一般为28W。

4）牌照灯

牌照灯用于照亮车辆牌照,要求夜间在车后20m处能看清牌照号码。牌照灯装在汽车尾部牌照的上方或左右两侧,灯光光色为白色,灯泡功率为8～10W。它没有单独的开关控制,受示廓灯或前照灯开关控制。

5）顶灯

安装在驾驶室或车厢内顶部,为驾驶室或车厢内的照明灯具。灯光颜色一般为白色。

6）仪表灯

安装于仪表盘内,它用来照明汽车仪表。灯光颜色一般为白色。

7）踏步灯

一般安装在汽车的上下车台阶的左右两侧,作用是用来照明车门的踏步处,方便乘客上下车,灯光颜色一般为白色。

8）工作灯

它是车辆维修时可以移动使用的一种随车低压照明工具,电源来自发电机或蓄电池。常常带有挂钩或夹钳,插头有点烟器式或两柱插头式两种。

9）行李舱灯

为轿车行李舱内的灯具,灯光为白色。

10）阅读灯

装于乘员席前部或顶部,聚光时乘员看书不会给驾驶员产生炫目现象,照明范围较小,有的还有光轴方向调节机构。

11）门灯

装于轿车外张式车门内侧底部,开启车门时,门灯发亮,以告示后来行人、车辆注意避让。功率为5W,光色为红色。

2. 汽车灯光信号系统

1）转向信号灯

装于汽车前、后、左、右角,用于汽车转弯时发出明暗交替的闪光信号,使前后车辆、行人、交警知其行驶方向。转向信号灯的灯光光色为琥珀色,灯泡功率一般为20W。汽车转向信号灯的指示距离,要求前、后转向信号灯白天距100m以外可见,两侧转向信号灯白天距30m以外可见。转向信号灯的闪光频率应控制在1~2Hz之间。

2）危险报警信号灯

危险报警信号灯用于车辆遇到紧急危险情况时,同时点亮前后左、右转向灯以发出警告信号。与转向信号灯有相同的要求。

3）制动灯

制动灯由于指示车辆的制动或减速信号。制动灯安装在车尾两侧,两制动灯应与汽车的纵轴线对称并在同一高度上,制动灯灯光光色为红光,应保证白天距100m以外可见。

4）示廓灯

示廓灯安装在汽车前、后、左、右侧的边缘。用于夜间行驶时指示汽车宽度。用于汽车夜间行车时标志汽车的宽度和高度,因此也相应地被称之"示宽灯"和"示高灯"。示廓灯光标志在夜间300m以外可见。前示廓灯的灯光光色为白色,后示廓灯的灯光光色多为红色,灯泡功率为8~10W。

3. 电动汽车前组合灯总成的使用与安装

前照灯由转向柱左侧的多功能操纵杆控制。将前照灯开关转至第一个位置时,将点亮位置灯、牌照灯和仪表板照明灯。将前照灯开关转至第二个位置时,除点亮所有上述灯外,还点亮前照灯。在开关转至关闭位置时,关闭所有灯。前照灯的远光和近光也由该操纵杆控制。当前照灯接通时,将操纵杆向前推离驾驶员直到听到咔嗒声,即从近光变为远光。在前照灯远光接通时,组合仪表总成上的指示灯点亮。将操纵杆朝驾驶员方向拉回,则从远光变为近光。如果继续朝驾驶员方向拉仍可以从近光变为远光,不过当手松开时,操纵杆会自动回到近光位置。

前照灯必须对光才能实现正确的路面照明。当安装新的前照灯总成时或者当对前端区域的维修可能已影响到前照灯总成或其安装座时,应检查前照灯对光。

引导问题2:安装组合灯总成有哪些注意事项?

_____

_____

_____

小提示3:

前组合灯如图9-1-3所示。

图9-1-3 前组合灯

任务实施

引导问题3:拆装和调试前组合灯总成有哪些工量具?

_____

_____

小提示4:

1. 拆卸前组合灯总成的注意事项

在维修任何电气部件前,启动开关电源模式必须置于"OFF(关闭)"状态,并且所有电气负载必须为"OFF",除非操作程序中另有说明。如果工具或设备容易接触裸露的带电电气端子,还要断开蓄电池负极搭铁线。违反这些安全须知,可能导致人身伤害和/或损坏车辆、车辆部件。

1)拆卸顺序

拆装前组合灯总成见表9-1-3。

2)安装顺序

安装前组合灯总成见表9-1-4。

拆装前组合灯总成　　　　　　　　　表 9-1-3

序号	拆卸顺序	示意图
1	断开蓄电池负极搭铁线	—
2	拆卸前保险杠	—
3	拆卸前组合灯总成	—
4	断开前组合灯总成线束及调光电机线束连接器	
5	拆卸前保险杠左安装支架固定螺钉	
6	取下前保险杠左安装支架	
7	拆卸前组合灯总成固定螺栓	
8	取下前组合灯总成	

安装前组合灯总成　　　　　　　　　　　　　　　表 9-1-4

序号	安装顺序	示意图
1	安装前组合灯总成	—
2	安装前组合灯总成至车身	
3	安装并紧固前组合灯总成固定螺栓。 力矩：9N·m	
4	安装前保险杠左安装支架	
5	安装并紧固前保险杠左安装支架固定螺钉。 力矩：2N·m	
6	连接前组合灯总成线束及调光电机线束连接器	
7	安装前保险杠	—
8	连接蓄电池负极搭铁线	—

2. 电动汽车前组合灯总成调试

大多数前照灯由内六角螺母控制，内部六角扳手用于调节内部六角螺母。调整六角螺母使前照灯在同一高度。

引导问题4：根据图9-1-4电路简图，叙述前组合灯总成电路的工作原理是什么？

小提示5：

某汽车前组合灯总成电路如图9-1-4所示。

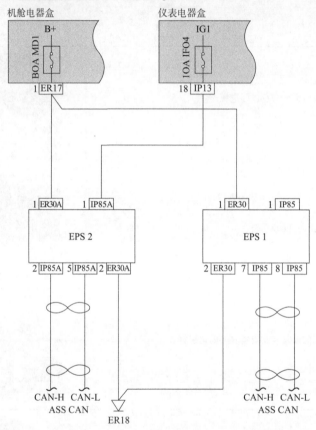

图9-1-4　电路简图

引导问题5：对照故障代码说明（表9-1-5），分析前组合灯总成电路的调试步骤。

故障代码说明　　　　　　　　　　　　　　　表9-1-5

故障代码	说　　明
B1011-12	远光灯继电器对电源短路

1. 前组合灯总成电路的调试步骤

步骤 1	用诊断仪访问车身控制模块(BCM)。

（1）用诊断仪访问车身控制模块(BCM)。
（2）操作启动开关使电源模式至 ON 状态。
（3）读取车身控制模块(BCM)故障代码。
（4）确认系统是否有其他故障代码。

　　是 ▷ 根据故障代码进行相应的故障诊断。

否

步骤 2	初步检查。

（1）检查车身控制模块(BCM)的线束连接器和机舱熔断丝盒的线束连接器有无损坏、接触不良、老化、松脱等迹象。
（2）检查 ER06 远光灯继电器安装是否正确。
（3）确认以上检查是否正常。

　　否 ▷ 处理故障部位,必要时更换故障部件。

是

步骤 3	检查车身控制模块(BCM)线束连接器和机舱熔断丝盒线束连接器的导通性 (图 9-1-5、图 9-1-6)。

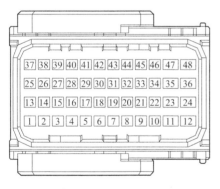

图 9-1-5　IP52 BCM&PEI

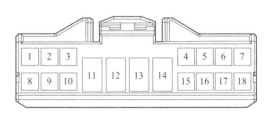

图 9-1-6　ER98 UEC

（1）操作启动开关使电源模式至 OFF 状态。
（2）断开车身控制模块(BCM)线束连接器 IP52。
（3）断开机舱熔断丝盒线束连接器 ER98。
（4）测量车身控制模块(BCM)线束连接器 IP52 端子 18 和机舱熔断丝盒线束连接器 ER98 端子 3 之间的电阻。电阻标准值:小于 1Ω。
（5）确认电阻是否符合标准值。

　　否 ▷ 修理或更换线束。

是	
步骤4	检查车身控制模块线束连接器是否对搭铁短路(图9-1-5)。

(1)操作启动开关使电源模式至 OFF 挡。

(2)断开车身控制模块(BCM)线束连接器 IP52。

(3)测量车身控制模块(BCM)线束连接器 IP52 端子 18 与搭铁之间的电阻。电阻标准值:10kΩ 或更高。

(4)确认电阻是否符合标准值。

否	修理或更换线束。

是	
步骤5	检查车身控制模块线束连接器是否对电源短路(图9-1-5)。

(1)操作启动开关使电源模式至 OFF 挡。

(2)断开车身控制模块(BCM)线束连接器 IP52。

(3)操作启动开关使电源模式至 ON 挡。

(4)测量车身控制模块(BCM)线束连接器 IP52 端子 18 与电源之间的电压。电压标准值:0V。

(5)确认电压是否符合标准值。

否	修理或更换线束。

是	
步骤6	更换车身控制模块。

(1)更换车身控制模块。

(2)操作启动开关使电源模式至 ON 状态,确认功能是否正常。

是	系统正常。

下一步	
步骤7	系统正常。

2. 电动汽车机舱线束系统布线与安装

线束系统作为汽车"神经",充当着联系中央控制部件和汽车各用电器的重任,线束系统的设计质量直接关系到车辆的安全性。随着汽车市场的日益火爆,电子电气行业的快速发展,汽车电子电气的迅猛增加,加上人们对汽车安全性、舒适性、经济性和排放要求的提高,线束在汽车上的应用越来越广泛,汽车线束系统的设计变得更为重要和严格。

❓ **引导问题6**:根据图 9-1-7 机舱线束,说出电动汽车机舱线束系统布线安装位置在哪里?

💡 小提示6：

发动机机舱线束如图9-1-7所示。

1.机舱线束总成拆卸顺序

（1）打开前机舱盖，拆卸前舱储物盒总成。

（2）拆卸机舱底部护板。

（3）断开蓄电池负极搭铁线。

（4）拆卸左下护板总成。

（5）拆卸左搁脚板。

（6）拆卸刮水器电机及连杆总成。

（7）拆卸机舱线束总成，见表9-1-6。

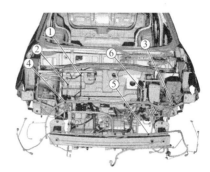

图9-1-7　发动机机舱线束

1-机舱分线束总成（燃油加热）；2-机舱分线束总成；3-机舱线束总成；4-前端模块线束总成；5-前保险杠线束总成；6-动力线束总成（低压）

拆卸机舱线束总成的步骤　　　　　表9-1-6

序号	拆卸顺序	示　意　图
1	拆卸蓄电池正极固定螺栓和卡扣	
2	断开3个线速连接器和脱开2个卡扣	
3	断开ESP控制器线束连接器	
4	断开动力蓄电池上的整车低压线束连接器	

续上表

序号	拆卸顺序	示意图
5	断开保险杠线束连接器	
6	拆卸真空管和压力阀线束连接器	
7	断开制动踏板行程传感器线速连接器和制动信号线速连接器	
8	拆卸搭铁线固定螺栓,断开左前柱下方的线束连接器,脱开线束卡扣	
9	断开线束连接器和拆卸固定螺栓、螺母,取出室内熔断丝盒	
10	断开网关路由器线束连接器	

续上表

序号	拆卸顺序	示意图
11	断开加速踏板总成线束连接器和脱开线束卡扣	
12	取出机舱线束总成	

2. 安装机舱线束总成安装程序

安装机舱线束总成的步骤见表9-1-7。

表 9-1-7　安装机舱线束总成的步骤

序号	安装顺序	示意图
1	复位机舱线束总成	
2	安装加速踏板总成线束连接器和线束卡扣	
3	安装网关路由器线束连接器	

续上表

序号	安装顺序	示意图
4	安装线束连接器和拆卸固定螺栓、螺母,取出室内熔断丝盒	
5	安装搭铁线固定螺栓,安装左前柱下方的线束连接器和线束卡扣	
6	安装制动踏板行程传感器线速连接器和制动信号线速连接器	
7	安装真空管和压力阀线束连接器	
8	安装保险杠线束连接器	
9	安装动力蓄电池上的整车低压线束连接器	

续上表

序号	安装顺序	示意图
10	安装 ESP 控制器线束连接器	
11	安装 3 个线速连接器和脱开 2 个卡扣	
12	安装机舱线束熔断丝盒和卡扣	
13	安装蓄电池正极固定螺栓和卡扣	
14	安装机舱底部护板	
15	安装左下护板总成	
16	安装左搁脚板	
17	安装刮水器电机及连杆总成	
18	安装蓄电池负极搭铁线	
19	安装前舱储物盒总成	

评价反馈

考核内容与评分标准见表 9-1-8。

考核内容与评分标准　　　　　表 9-1-8

考核项目	考核内容	评分标准	分数	小组互评	教师评价	得分
理论考核（60%）	采用笔试形式，在每个任务结束时实施，考核内容是结构与原理、安装与调试等	选择题30%； 判断题30%； 填空题20%； 简答题20%	60	—		

续上表

考核项目		考核内容	评分标准	分数	小组互评	教师评价	得分
实操考核（40%）	过程考核（20%）	团队合作、活动参与	是否和谐	2			
		安全规范操作	有无安全隐患	2			
		现场8S（整理、整顿、清理、清扫、安全、服务、素养、节约）	是否做到	2			
		制订安装与调试作业实施计划	方案是否正确、合理	2			
		操作过程	1.学生8人一组，在电气学习训练区完成实训任务，教师及小组互检评分；2.每人撰写实训报告并在小组进行交流，根据在小组活动中的表现进行小组互评	12			
	结果考核（20%）	任务完成情况	是否圆满完成	10			
		工具、设备使用	是否规范、标准	5			
		劳动纪律	是否能严格遵守	3			
		工作页填写	是否完整、规范	2			
合计		教师签名：	年　　月　　日				

任务2　电动汽车电子组合仪表安装与调试

学习目标

完成本学习任务后，你应当能够：
1. 在教师的指导下，进行电动汽车电子组合仪表安装与调试；
2. 叙述电动汽车电子组合仪表安装与调试的注意事项；
3. 在实训中实施8S，正确使用电气安装与调试工量具，进行团队合作。

任务书

实训任务单见表9-2-1。

实 训 任 务 单

表 9-2-1

专业班组		班长		日期	
实训任务	电动汽车电子组合仪表安装与调试				
检查意见：					
签字：					

任务分组

学生任务分配见表 9-2-2。

学生任务分配表 表 9-2-2

班级		组号		指导老师	
组长		学号			
组员	姓名	学号	姓名	学号	
任务分工					

获取信息

引导问题 1：汽车电子组合仪表针脚的定义是什么？

_____

_____

💡 **小提示 1**：

仪表通过硬线及 CAN 两种方式采集车载信号，将需要的信息以步进电机指针、TFT 液晶图形以及 LED 灯的形式显示给驾驶员。

行车电脑：包含总计里程、小计里程、室外温度、时间、行驶模式显示（ECO/SPORT）、车速和续驶里程、平均电耗、瞬时电耗、能量流程图。

综合显示区：包含门开指示、倒车雷达、超速报警、巡航指示、PEPS 报警等。

185

组合仪表安装位置如图 9-2-1 所示。

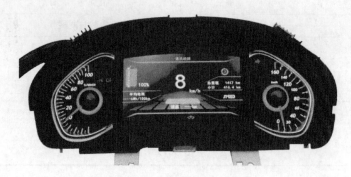

图 9-2-1　组合仪表安装位置图

引导问题 2：组合仪表装置安装有哪些注意事项？

_____
_____

小提示 2：

1. 组合仪表装置安装的注意事项

在安装组合仪表装置部件前，启动开关电源模式必须置于"OFF（关闭）"状态，并且所有电气负载必须为"OFF"，除非操作程序中另有说明。如果工具或设备容易接触裸露的带电电气端子，还要断开蓄电池负极搭铁线。违反这些安全须知，可能导致人身伤害和/或损坏车辆、车辆部件。

2. 电动汽车数字仪表总成的拆装

（1）安装程序。
①断开蓄电池负极搭铁线。
②拆卸数字仪表总成，见表 9-2-3、表 9-2-4。

拆卸数字仪表总成　　　　　　　　　　　　　　　　表 9-2-3

序号	拆卸顺序	示　意　图
1	拆卸数字仪表总成固定螺钉	

续上表

序号	拆卸顺序	示意图
2	断开数字仪表总成线束连接器	
3	拆下数字仪表总成	

安装数字仪表总成　　　　　　　　　　　　　　　　表 9-2-4

序号	安装顺序	示意图
1	连接数字仪表总成线束连接器	
2	安装数字仪表总成至仪表板装置	
3	安装并紧固数字仪表总成固定螺钉	

（2）安装组合仪表罩总成。
（3）连接蓄电池负极搭铁线。

任务实施

引导问题3:对照图9-2-2、表9-2-5,说明线束颜色查找的方法是什么?

_____

_____

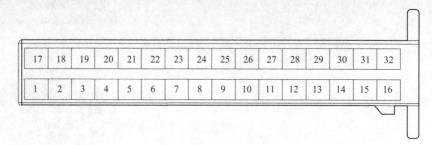

图9-2-2 IP50 线束连接器

IP50 线束连接器针脚定义   表9-2-5

端子号	线色	线径	功能定义	端子号	线色	线径	功能定义
1	Y/O	0.50	B+	20	Y/B	0.50	CAH-H
2	R/V	0.50	IG+	21	G/V	0.50	CAN-L
3	B	0.50	搭铁	22	R/L	0.35	左盲区监测指示灯
5	L	0.50	BFLS 搭铁	23	R/Y	0.35	右盲区监测指示灯
6	B	0.50	S 搭铁	25	Y/W	0.35	CAN-H2
10	R/W	0.35	DRVSBR	26	Y/G	0.35	CAN-L2
14	W/Y	0.35	PPSW	28	W/R	0.35	PPLED

小提示3:

组合仪表装置安装于仪表板左侧,是人和汽车的交互界面,为驾驶员提供所需的汽车运行参数、故障、里程等信息。

引导问题4:根据图 9-2-2 和表 9-2-6 说明进行调试的方法和步骤是什么?

_____

_____

小提示4:

熟悉系统功能和操作内容以后再开始系统调试,这样在出现故障时有助于确定正确的故障调试步骤,更重要的是这样还有助于确定状况是否属于正常状态。

电路简图如图9-2-3 所示。

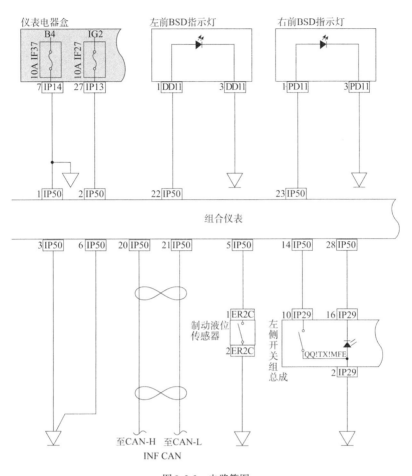

图 9-2-3 电路简图

故障码说明　　　　　　　　　　　　　　　　　　　　　　　表 9-2-6

故 障 码	说　　明
U3006-16	控制器供电电压低

调试步骤如下。

步骤1	用诊断仪访问组合仪表。

用诊断仪访问组合仪表。

　　是 根据输出的 DTC 维修电路。

否

步骤2	检查蓄电池。

(1)测量蓄电池电压。电压标准值:11~14V。

(2)确认电压是否符合标准值。

　　否 蓄电池充电或检查充电系统。

是

| 步骤3 | 检查组合仪表熔断丝 IF37、IF27。 |

检查熔断丝 IF37、IF27 是否熔断。

> 否 > 转至步骤5。

> 是

| 步骤4 | 检修熔断丝 IF37、IF27 线路。 |

(1)检查熔断丝 IF37、IF27 线路是否有短路故障。
(2)进行线路修理,确认没有线路短路现象。
(3)更换额定电流的熔断丝。熔断丝的额定值为 IF37 10A、IF27 10A
(4)确认组合仪表是否正常工作。

> 是 > 系统正常。

> 否

| 步骤5 | 检查组合仪表线束连接器(端子电压)(图 9-2-2)。 |

(1)操作启动开关使电源模式至 OFF 状态。
(2)断开组合仪表线束连接器 IP50。
(3)操作启动开关使电源模式至 ON 状态。
(4)测量组合仪表线束连接器 IP50 端子 1、2 对车身搭铁的电压。电压标准值:11~14V。
(5)确认电压是否符合标准值。

> 否 > 系统正常。

> 是

| 步骤6 | 检查组合仪表线束连接器(搭铁端子导通性)(图 9-2-2)。 |

(1)操作启动开关使电源模式至 OFF 挡。
(2)测量组合仪表线束连接器 IP50 端子 3、6 与车身搭铁之间的电阻值。电阻标准值:小于1Ω。
(3)确认电阻是否符合标准值。

> 否 > 修理或更换线束。

> 是

| 步骤7 | 更换组合仪表。 |

(1)更换组合仪表。
(2)操作启动开关使电源模式至 ON 状态,确认功能是否正常。

> 是 > 系统正常。

> 下一步

| 步骤8 | 系统正常。 |

评价反馈

考核内容与评分标准见表9-2-7。

考核内容与评分标准 表9-2-7

考核项目		考核内容	评分标准	分数	小组互评	教师评价	得分
理论考核（60%）		采用笔试形式,在每个任务结束时实施,考核内容是结构与原理、安装与调试等	选择题30%；判断题30%；填空题20%；简答题20%	60	—		
实操考核（40%）	过程考核（20%）	团队合作、活动参与	是否和谐	2			
		安全规范操作	有无安全隐患	2			
		现场8S(整理、整顿、清理、清扫、安全、服务、素养、节约)	是否做到	2			
		制订安装与调试作业实施计划	方案是否正确、合理	2			
		操作过程	1.学生8人一组,在电气学习训练区完成实训任务,教师及小组互检评分；2.每人撰写实训报告并在小组进行交流,根据在小组活动中的表现进行小组互评	12			
	结果考核（20%）	任务完成情况	是否圆满完成	10			
		工具、设备使用	是否规范、标准	5			
		劳动纪律	是否能严格遵守	3			
		工作页填写	是否完整、规范	2			
合计		教师签名：	年　　月　　日				

任务3　电动汽车安全气囊系统安装与检测

学习目标

完成本学习任务后,你应当能够：
1. 在教师的指导下,会拆装电动汽车驾驶员气囊；
2. 叙述汽车安全气囊的作用、组成与检测方法；
3. 在实训中实施8S,正确使用设备检测安全气囊技术状况。

任务书

实训任务单见表9-3-1。

实 训 任 务 单　　　　　　　　　　　表 9-3-1

专业班组		班长		日期	
实训任务	电动汽车安全气囊系统安装与检测					
检查意见：					
签字：					

任务分组

学生任务分配见表9-3-2。

学生任务分配表　　　　　　　　　　　表 9-3-2

班级		组号		指导老师	
组长		学号			
组员	姓名		学号	姓名	学号
任务分工					

获取信息

引导问题1：安全气囊的作用是什么？

_____

_____

小提示1：

安全气囊系统无法替代安全带功能，如不系安全带，在气囊引爆时可能会导致严重的人身伤害。开车或乘车时应系好安全带。只有系好安全带,发生碰撞时安全气囊系统才能更好地为乘员提供辅助保护。

 引导问题2:安全气囊系统由哪些部件组成?

___

___

___

小提示2:

1. 安全气囊系统的组成

安全气囊系统为乘员提供了除安全带之外的辅助保护,是一种被动安全系统。它的功用是在汽车发生正面碰撞时将气囊展开,以缓解驾驶员与乘员所受到的伤害。安全气囊系统通常与三点式安全带同时配合使用。

安全气囊系统通常包括安全气囊模板、螺旋电缆、安全气囊报警指示灯、安全气囊碰撞传感器、前座椅安全带预紧装置及相关电路线束等。

安全气囊系统具有多个充气保护模块,分布在车辆的不同位置上,包括转向盘、仪表台、前排座椅靠背、车顶纵梁上。除了充气保护模块之外,车辆还可配备安全带预紧器。在车辆发生碰撞的时候,会张紧安全带,从而在充气模块展开的同时增大乘员与安全气囊之间的距离。每个充气模块都有一个点爆回路,该回路由安全气囊控制模块进行控制。当安全气囊电子控制单元检测到碰撞的冲击力足够大时控制气囊展开。安全气囊控制模块对安全气囊系统的电气部件进行连续诊断监测。当检测到电路故障时,安全气囊控制模块就设置一个故障诊断码,并启亮安全气囊警告灯,以通知驾驶员。转向柱采用吸能式设计,在发生正面碰撞时,可以收缩,降低了驾驶员的受伤概率。

安全气囊电子控制单元接收传感器的信号,用以判断碰撞的严重程度。当信号值大于存储器中的设定值,安全气囊电子控制单元发出点火指令,从而展开安全气囊系统相应的充气模块。当遇到冲击力足够大的正面碰撞,正面气囊和安全带预紧器就会展开;当遇到冲击力足够大的侧面碰撞,前排侧气囊、安全气帘以及安全带预紧器就会展开。

安全气囊电子控制单元(ACU)确认碰撞信号后,会在20ms内向总线发送"碰撞解锁和断电"信号,20ms为一个周期,共发送3s。BCM和EMS连续收到3个以上的信号,就会分别执行解锁和断电功能。

2. 汽车安全气囊的拆装

在安全气囊拆装前,启动开关电源模式必须置于"OFF(关闭)"状态,并且所有电气负载必须为"OFF",除非操作程序中另有说明。如果工具或设备容易接触裸露的带电电气端子,还要断开蓄电池负极搭铁线。违反这些安全须知,可能导致人身伤害和(或)损坏车辆、车辆部件。

如果在维修安全气囊时,必须断开蓄电池负极搭铁线至少90s以上,才能进行其他维修操作。

❓ 引导问题3：安全气囊拆卸程序有哪些注意事项？

_____

_____

💡 **小提示3**：

1. 安全气囊拆卸程序的注意事项

（1）在返修任何电气部件前，启动开关电源模式必须置于"OFF（关闭）"状态，并且所有电气负载必须为"OFF"，除非操作程序中另有说明。如果工具或设备容易接触裸露的带电电气端子，还要断开蓄电池负极搭铁线。违反这些安全须知，可能导致人身伤害和/或损坏车辆、车辆部件。

（2）如果在返修安全气囊时，必须断开蓄电池负极搭铁线至少90s以上，才能进行其他维修操作。

1）拆卸程序

（1）断开蓄电池负极搭铁线。

（2）拆卸驾驶员气囊，见表9-3-3。

拆卸驾驶员气囊的步骤　　　　　　　　　　　表9-3-3

序号	拆卸顺序	示意图
1	从转向盘上拆下安全气囊	
2	断开驾驶员气囊线束连接器	
3	取下驾驶员气囊	

2）安装程序

（1）安装驾驶员气囊，见表9-3-4。

安装驾驶员气囊的步骤　　　　　　　　　　　　　　　　　　　表 9-3-4

序号	安装顺序	示意图
1	连接驾驶员气囊线束连接器	
2	安装驾驶员气囊至转向盘	

（2）连接蓄电池负极搭铁线。

2. 汽车安全气囊系统的检测

安全气囊电子控制单元（ACU）有储备电源，碰撞过程中失去蓄电池电压后仍然能使安全气囊顺利展开。在进行安全气囊系统检测与维修工作前必须断开蓄电池负极电缆 90s 以上，放空储备电源。

ACU 是一个微处理器，它是安全气囊系统的控制中心。当车辆发生碰撞时，安全气囊电子控制单元将来自传感器的信号与存储器中的数值进行比较，当生成的信号值超过存储数值时，安全气囊电子控制单元向各点火回路发出点火命令（电流信号），以展开安全气囊。当安全气囊展开时，安全气囊电子控制单元会记录安全气囊系统的状态，并点亮组合仪表上的安全气囊指示灯。汽车起动后，安全气囊电子控制单元会对安全气囊系统的电气部件和电路进行连续诊断监测，如果安全气囊电子控制单元检测到故障，就会存储一个故障代码，并点亮安全气囊警告灯，以通知驾驶员有故障存在。

引导问题 4：叙述碰撞传感器的作用。

小提示 4：

1. 正面碰撞传感器的作用

正面碰撞传感器用于增强安全气囊系统的性能。正面碰撞传感器是一个加速度传感器，向 ACU 传递车辆前方加速度信号。正面碰撞传感器可以帮助确定正面碰撞的严重程度。ACU 利用测得的加速度值进行计算，并将这些计算值与存储器中的数值进行比较。当生成的计算值超过存储值时，安全气囊电子控制单元就向正面点火回路发出点火命令（电流信号),从而展开正面安全气囊和安全带预紧器。

2. 侧面碰撞传感器的作用

每个侧面碰撞传感器包括一个监测车辆加速度的传感装置,向 ACU 传递车辆侧面加速度信号。侧面碰撞传感器可以确定侧面撞击的严重程度。ACU 利用测得的加速度值进行计算,并将这些计算值与存储器中的值进行比较。当生成的计算值超过存储值时,安全气囊电子控制单元将向正面点火回路发出点火信号,展开安全气帘和前排侧气囊以及安全带预紧器。

引导问题5:对照图9-3-1,每个安全气囊检测有哪些注意事项?

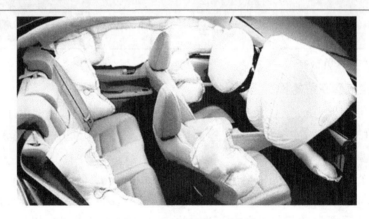

图 9-3-1　安全气囊位置安装图

任务实施

引导问题6:怎样确认故障症状?连接器接头和故障检测方法有哪些?

小提示5:

安全气囊故障检测的方法和步骤如下。

(1)确认故障症状,必须彻底分析出现的故障,然后返修车辆出现故障时相同或相似的条件和环境。

(2)检查易于接触或能够看到的系统部件,以查明其是否有明显的损坏或存在可能导致故障的情况。

(3)连接器接头和振动的支点是应该彻底检查的主要部件,如果是振动所造成的故障,建议用振动法。

①用手指轻轻振动可能有故障的部位,并检查是否出现故障。
②在垂直和水平方向轻轻摇动连接器。
③在垂直和水平方向轻轻摇动线束。

引导问题7:检查图9-3-2中系统端子导线是否松动的方法是什么?

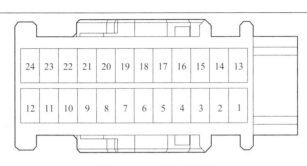

图9-3-2 IP60线束连接器

小提示6:

安全气囊IP60线束连接器各针脚功能定义见表9-3-5。

IP60线束连接器针脚定义   表9-3-5

端子号	线色	线径	功能定义	端子号	线色	线径	功能定义
1	L/R	0.50	电源	12	Y	0.50	BLFD
2	L/Y	0.50	CRO	13	B	0.50	POW 搭铁
3	Y/L	0.50	BLFP	14	V/W	0.50	PASSP/TENSIONER −
4	R	0.50	BLRD	15	V/B	0.50	PASSP/TENSIONER +
5	B/Y	0.50	A 搭铁	16	L/B	0.50	DRIVERP/TENSIONER +
6	Gr/R	0.50	UFSD −	17	L/W	0.50	DRIVERP/TENSIONER −
7	O/Y	0.50	UFSD +	18	B/W	0.50	右前安全气囊 −
8	V/W	0.50	PFIS +	19	B/L	0.50	右前安全气囊 +
9	V/Y	0.50	PFIS −	20	G/B	0.50	驾驶员安全气囊 +
10	G/Br	0.50	CAN-L	21	G/W	0.50	驾驶员安全气囊 −
11	Y/B	0.50	CAN-H				

引导问题8:分析某车型安全气囊电路简图9-3-3,说明各电气元件连接关系;根据故障代码说明,如何进行故障诊断与检测?

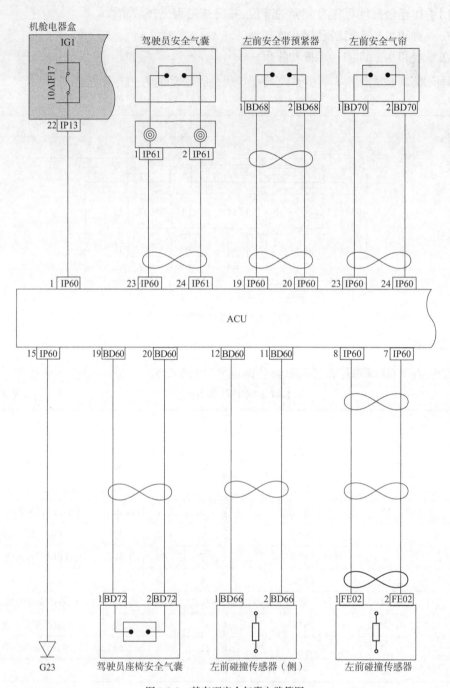

图 9-3-3 某车型安全气囊电路简图

💡 **小提示 7：**

诊断仪与车辆无法通信的方法如下：

连接诊断仪到数据连接器上，操作启动开关，使电源模式至 ON 状态。操作诊断仪时，如果显示通信错误信息，则车辆或测试仪存在故障，见表 9-3-6。

故障代码说明　　　　　　　　　　　　　　　　　　　　　表9-3-6

故障代码	说　　明
U3006-16	控制器供电电压低

(1)如果该测试仪与另一车辆连接时通信总成,则检查车辆的诊断接口。
(2)当测试仪和其他车辆连接后仍无法建立通信时,则问题有可能在测试仪。请查阅测试仪使用手册或咨询厂家。

调试步骤如下。

| 步骤1 | 用诊断仪访问安全气囊控制单元(SRS)。 |

用诊断仪访问安全气囊控制单元(SRS)。

　　是　根据输出的 DTC 维修电路。

否

| 步骤2 | 检查蓄电池。 |

(1)测量蓄电池电压。电压标准值:11~14V。
(2)确认电压是否符合标准值。

　　否　蓄电池充电或检查充电系统。

是

| 步骤3 | 检查安全气囊控制单元(SRS)熔断丝 F17。 |

检查熔断丝 F17 是否熔断。

　　否　转至步骤5。

是

| 步骤4 | 检修熔断丝 F17 线路。 |

(1)检查熔断丝 F17 线路是否有短路故障。
(2)进行线路修理,确认没有线路短路现象。
(3)更换额定电流的熔断丝。熔断丝的额定值为 F17 10A。
(4)确认安全气囊控制单元(SRS)是否正常工作。

　　否　系统正常。

是

| 步骤5 | 检查安全气囊控制单元(SRS)线束连接器(端子电压)(图9-3-2)。 |

(1)操作启动开关使电源模式至 OFF 状态。
(2)断开安全气囊控制单元(SRS)线束连接器 IP60。
(3)操作启动开关使电源模式至 ON 状态。
(4)测量安全气囊控制单元(SRS)线束连接器 IP60 端子 1 对车身搭铁的电压。电压标准值:11~14V。

(5)确认电压是否符合标准值。

否 〉系统正常。

是

| 步骤6 | 检查安全气囊控制单元(SRS)线束连接器(搭铁端子导通性)(图9-3-2)。 |

(1)操作启动开关使电源模式至 OFF 挡。

(2)测量安全气囊控制单元(SRS)线束连接器 IP60 端子 15 与车身搭铁之间的电阻值。电阻标准值:小于1Ω。

(3)确认电阻是否符合标准值。

否 〉修理或更换线束。

是

| 步骤7 | 更换安全气囊控制单元(SRS)。 |

(1)更换安全气囊控制单元(SRS)。
(2)操作启动开关使电源模式至 ON 状态,确认功能是否正常。

是 〉系统正常。

下一步

| 步骤8 | 系统正常。 |

评价反馈

考核内容与评分标准见表9-3-7。

考核内容与评分标准 表9-3-7

考核项目		考核内容	评分标准	分数	小组互评	教师评价	得分
理论考核(60%)		采用笔试形式,在每个任务结束时实施,考核内容是结构与原理、安装与调试等	选择题30%; 判断题30%; 填空题20%; 简答题20%	60	—		
实操考核(40%)	过程考核(20%)	团队合作、活动参与	是否和谐	2			
		安全规范操作	有无安全隐患	2			
		现场8S(整理、整顿、清理、清扫、安全、服务、素养、节约)	是否做到	2			
		制订安装与调试作业实施计划	方案是否正确、合理	2			

续上表

考核项目		考核内容	评分标准	分数	小组互评	教师评价	得分
实操考核（40%）	过程考核（20%）	操作过程	1.学生8人一组,在电气学习训练区完成实训任务,教师及小组互检评分； 2.每人撰写实训报告并在小组进行交流,根据在小组活动中的表现进行小组互评	12			
	结果考核（20%）	任务完成情况	是否圆满完成	10			
		工具、设备使用	是否规范、标准	5			
		劳动纪律	是否能严格遵守	3			
		工作页填写	是否完整、规范	2			
合计		教师签名：	年　　月　　日				

任务4　电动汽车电子附加设备安装与调试

学习目标

完成本学习任务后,你应当能够:
1. 叙述电动汽车蓄电池拆装注意事项;
2. 分析电动汽车的蓄电池的特点;
3. 在教师的指导下,进行电动汽车电子附加设备安装与调试;
4. 在实训中实施8S,正确使用电气安装与调试工量具,进行团队合作。

实训任务单见表9-4-1。

实训任务单　　　　　　　　　　　　　　　　　　表9-4-1

专业班组		班长		日期	
实训任务		电动汽车电子附加设备安装与调试			
检查意见：					
签字：					

任务分组

学生任务分配见表9-4-2。

学生任务分配表 表9-4-2

班级		组号		指导老师	
组长		学号			
组员	姓名	学号		姓名	学号
任务分工					

获取信息

引导问题1： 免维护蓄电池的优点是什么？

_____
_____

小提示1：

免维护蓄电池与传统型蓄电池的区别是蓄电池盖上没有通气孔塞，除蓄电池两侧的小通气孔外蓄电池完全密封。通气孔可使蓄电池产生的少量气体排出，蓄电池内部电解液进行化学反应时会产生的少量的气体，如果不设置排气孔，蓄电池内部的压力随着气体的增加不断增大，当超过蓄电池壳体的承受极限后，会使壳体破裂。

与常规蓄电池相比，免维护蓄电池有如下优点：

(1) 在蓄电池的使用期限内无须加水。
(2) 耐过充电性能好。
(3) 不像常规蓄电池那样容易漏电。
(4) 质量和体积更小，容量更大。

引导问题2： 根据图9-4-1叙述蓄电池的安装位置及各组成部分名称是什么？

_____
_____

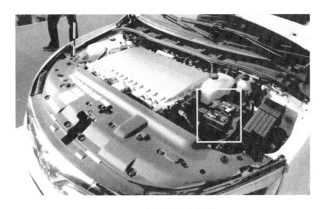

图 9-4-1 蓄电池的安装位置

 小提示 2：

1. 蓄电池总成的拆装

1）拆卸程序

（1）打开机舱盖。

（2）拆卸机舱左侧装饰盖板。

（3）拆卸蓄电池总成，见表 9-4-3。

拆卸蓄电池总成的步骤　　　　　　　　　　表 9-4-3

序号	拆 卸 顺 序	示 意 图
1	断开蓄电池负极搭铁线	
2	打开蓄电池正极保护盖	
3	拆卸蓄电池正极螺母并断开蓄电池正极	

续上表

序号	拆卸顺序	示意图
4	拆卸蓄电池固定支架紧固螺母	
5	拆卸蓄电池固定支架	
6	取出蓄电池	

2)安装程序

(1)安装蓄电池总成,见表9-4-4。

安装蓄电池总成的步骤　　　　　　　　表9-4-4

序号	安装顺序	示意图
1	将蓄电池总成安装至蓄电池托架上	
2	安装蓄电池固定支架	

续上表

序号	安装顺序	示意图
3	安装蓄电池固定支架紧固螺母	
4	连接蓄电池正极线并安装紧固螺母	
5	关闭蓄电池正极保护盖	
6	连接蓄电池负极搭铁线	

(2) 安装机舱左侧装饰盖板。

(3) 关闭机舱盖。

2. 蓄电池负极搭铁线拆装

蓄电池负极搭铁线拆装,见表9-4-5。

蓄电池负极搭铁线拆装　　表9-4-5

序号	拆卸顺序	示意图
1	打开机舱盖,拆卸机舱左侧装饰盖板	
2	拆卸蓄电池负极搭铁线螺母,移动出蓄电池搭铁线	

续上表

序号	安装顺序	示意图
3	复位蓄电池搭铁线,并紧固1个蓄电池负极搭铁螺母	
4	安装机舱左侧装饰盖板,关闭机舱盖	

3. 电动后视镜

电动汽车外后视镜内集成了加热元件,以除去镜面上的霜或雾。当后风窗加热开关开启时,加热元件工作。并非所有车型均安装所有功能。在诊断之前检查车辆设置。

 引导问题3：电动汽车外后视镜的作用是什么?

_____

_____

 小提示3：

1. 电动后视镜安装位置

车外后视镜安装在驾驶员侧车门外侧,另一个安装在前排乘客侧车门外侧。

2. 电动后视镜安装主要作用

车外后视镜使驾驶员可看到车辆后方的情况。这可为驾驶员提供更为广阔的视角。

3. 左后视镜总成的安装

1）拆卸顺序

拆卸顺序,见表9-4-6。

左后视镜总成的拆装步骤　　　　　　　　表9-4-6

序号	拆卸顺序	示意图
1	断开左后视镜总成线束连接器和360°倒车影像线束连接器	
2	拆卸左后视镜总成紧固件	

续上表

序号	拆卸顺序	示意图
3	拆卸左后视镜总成	

(1)断开蓄电池负极搭铁线。
(2)拆卸左前车门内饰板总成。
2)安装顺序
安装顺序,见表9-4-7。

左后视镜总成的安装　　　　　　　　　　　　　　　表9-4-7

序号	安装顺序	示意图
1	安装左后视镜总成	
2	安装并紧固左后视镜总成固定螺母。力矩:4N·m	
3	连接左后视镜总成线束连接器和360°倒车影像线束连接器	

(1)安装左前车门内饰板总成。
(2)连接蓄电池负极搭铁线。

电动汽车电气系统安装与调试

任务实施

引导问题 4：对照图 9-4-2，根据故障代码说明（表 9-4-8）进行调试。

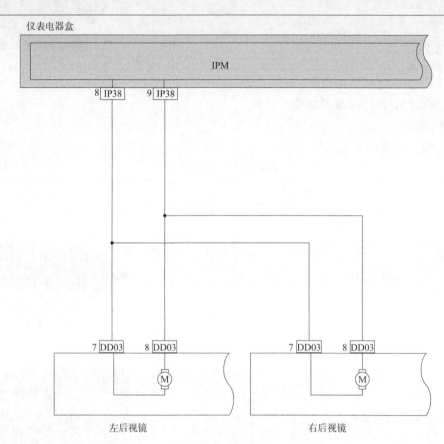

图 9-4-2 电路简图

故障代码说明　　　　　　　　　　　　　表 9-4-8

故 障 代 码	说　　　明
B1A14-01	后视镜常规故障

诊断步骤如下：

| 步骤 1 | 用诊断仪访问仪表电气盒（IPM）。 |

（1）用诊断仪访问仪表电气盒（IPM）。
（2）操作启动开关使电源模式至 ON 状态。
（3）读取仪表电气盒（IPM）故障诊断代码。
（4）确认系统是否有其他故障代码。

| 是 | 根据故障代码进行相应的故障诊断。 |

否

| 步骤 2 | 初步检查。 |

（1）检查仪表电气盒（IPM）的线束连接器和左后视镜的线束连接器有无损坏、接触不良、老化、松脱等迹象。
（2）检查左后视镜安装是否正确。
（3）确认以上检查是否正常。

| 否 | 处理故障部位，必要时更换故障部件。 |

是

| 步骤 3 | 检查仪表电气盒（IPM）图 9-4-3 的线束连接器 IP39 端子 8 和左后视镜的线束连接器 DD03 图 9-4-4 端子 7 之间的线路。 |

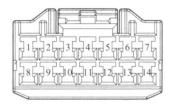
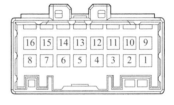

图 9-4-3　IP39 IEC&IPM　　　　图 9-4-4　DD03 左后视镜

（1）操作启动开关使电源模式至 OFF 状态。
（2）断开仪表电气盒（IPM）的线束连接器 IP39。
（3）断开左后视镜的线束连接器 DD03。
（4）测量仪表电气盒（IPM）的线束连接器 IP39 端子 8 和左后视镜的线束连接器 DD03 端子 7 之间的电阻。电阻标准值：小于 1Ω。
（5）操作启动开关使电源模式至 ON 状态。
（6）测量仪表电气盒（IPM）的线束连接器 IP39 端子 8 和电源之间的电压。电压标准值：0V。
（7）确认是否符合标准值。

| 否 | 修理或更换线束。 |

是

| 步骤 4 | 检查仪表电气盒（IPM）图 9-4-3 的线束连接器 IP39 端子 9 和左后视镜的线束连接器 DD03 图 9-4-4 端子 8 之间的线路。 |

（1）操作启动开关使电源模式至 OFF 状态。
（2）断开仪表电气盒（IPM）的线束连接器 IP39。
（3）断开左后视镜的线束连接器 DD03。
（4）测量仪表电气盒（IPM）的线束连接器 IP39 端子 9 和左后视镜的线束连接器 DD03

端子 8 之间的电阻。电阻标准值：小于 1Ω。

（5）测量仪表电气盒（IPM）的线束连接器 IP39 端子 9 和搭铁之间的电阻。电阻标准值：10kΩ 或更高。

（6）确认电阻是否符合标准值。

　　否　修理或更换线束。

是

| 步骤5 | 更换左后视镜。 |

（1）更换左后视镜。

（2）操作启动开关使电源模式至 ON 状态，确认功能是否正常。

　　是　系统正常。

否

| 步骤6 | 更换仪表电气盒（IPM）。 |

（1）更换仪表电气盒（IPM）。

（2）操作启动开关使电源模式至 ON 状态，确认功能是否正常。

　　是　系统正常。

下一步

| 步骤7 | 系统正常。 |

评价反馈

考核内容与评分标准见表 9-4-9。

考核内容与评分标准　　　　　　　　　　　　表 9-4-9

考核项目		考核内容	评分标准	分数	小组互评	教师评价	得分
理论考核（60%）		采用笔试形式，在每个任务结束时实施，考核内容是结构与原理、安装与调试等	选择题30%；判断题30%；填空题20%；简答题20%	60	—		
实操考核（40%）	过程考核（20%）	团队合作、活动参与	是否和谐	2			
		安全规范操作	有无安全隐患	2			
		现场8S（整理、整顿、清理、清扫、安全、服务、素养、节约）	是否做到	2			
		制订安装与调试作业实施计划	方案是否正确、合理	2			

续上表

考核项目		考核内容	评分标准	分数	小组互评	教师评价	得分
实操考核（40%）	过程考核（20%）	操作过程	1.学生8人一组,在电气学习训练区完成实训任务,教师及小组互检评分; 2.每人撰写实训报告并在小组进行交流,根据在小组活动中的表现进行小组互评	12			
	结果考核（20%）	任务完成情况	是否圆满完成	10			
		工具、设备使用	是否规范、标准	5			
		劳动纪律	是否能严格遵守	3			
		工作页填写	是否完整、规范	2			
合计		教师签名：	年　　月　　日				

项目十 电动汽车整车电气控制系统安装与调试

任务1 电动汽车电气总线系统的组成与原理

> **学习目标**
>
> 完成本学习任务后,你应当能够:
> 1. 叙述电气总线系统在车辆结构中的重要作用;
> 2. 分析电动汽车电气总线系统基本结构原理;
> 3. 叙述电气总线系统对电动汽车的优点;
> 4. 在实训中实施8S,进行团队合作。

任务书

实训任务单见表10-1-1。

实 训 任 务 单 表10-1-1

专业班组		班长		日期	
实训任务	电动汽车电气总线系统的组成与原理				
检查意见:					
签字:					

任务分组

学生任务分配见表10-1-2。

学生任务分配表　　　　　　　　　　　　　　　　　　　表 10-1-2

班级		组号		指导老师	
组长		学号			
组员	姓名		学号	姓名	学号
任务分工					

获取信息

❓ **引导问题 1**：电动汽车的电气设备相对较为密集,怎样通过合理的方式使这些设备和元器件之间建立良好的通信？

_____

_____

💡 **小提示 1**：

车辆总线系统有 CAN 总线、LIN 总线、用于诊断的 KWP2000、用于 X-by-wire 的 TTP、多媒体应用的 MOST 协议等。其中控制器局域网(Controller Area Network,CAN)是博世公司于 20 世纪 80 年代提出的。为解决现代汽车中众多的控制与测试仪器之间的数据交换而开发的一种串行数据通信协议,可以很好地解决上述的问题。现在世界上许多汽车公司,如奔驰、宝马、大众等公司已采用 CAN 总线来实现汽车内部的数据通信。

❓ **引导问题 2**：使用总线系统能够给车辆带来怎样的好处呢？

_____

_____

💡 **小提示 2**：

现代汽车工业和电子技术飞速发展,汽车上的电子装置越来越多。一辆高档汽车的电气节点数已达上千个,如果采用传统的方法进行布线,连线的数量非常惊人而且有极大的故障隐患。为了解决这一问题,各大汽车厂商从 20 世纪 70 年代开始了车用网络的研究,并取得了很大的发展,形成了多种适合不同传输速率及特殊用途的网络协议。

汽车总线传输必须确保以下几点:保证信息能够准确地传送;总线节点能够随时访问

总线；节点根据预先确定的优先权进行总线访问；具有根据信息内容解决总线访问竞争的能力和竞争解决后获胜站点能够访问总线且继续传输信息；节点在尽量短的时间内成功访问总线；最优化的传输速率(波特率)；节点的故障诊断能力；总线具有一定的可扩充性等等。

1. 数字信号的编码

为了保证信息传输的可靠性，对数字信号正确编码非常重要。汽车局域网数据信号多采用脉宽调制(PWM)和不归零制(NRZ)。PWM 作为编码方案时，波特率上界为 $3 \times 10^5 \text{kbit/s}$，用于传输速率较低的场合。采用 NRZ 进行信息传输，可以达到 1Mbit/s，用于传输速率较高的场合。

2. 网络拓扑结构

实用的汽车局域网是总线拓扑结构，如 CAN、SAEJ1850、ADVANCED PALMNET 等，其优点是：电缆短，布线容易；总线结构简单，又是无源元件，可靠性高；易于扩充，增加新节点只需在总线的某点将其接入，如需增加长度可通过中继器加入一个附加段。

3. 总线访问协议

汽车总线的访问协议一般为争用协议，每个节点都能独立决定信息帧的发送。如果同时有两个或两个以上的节点发送信息，就会出错，这就要求每个节点有能力判断冲突是否发生，发生冲突时按某个规律等待随机时间间隔后重发，以避免再发生冲突。网络协议所使用的防冲突监听措施多为载波监听多路访问，如 CAN、SAEJ1850、ADVANCED PALMNET 等都采用的是载波监听多路访问/冲突检测＋无损仲裁(CSMA/CD＋NDA)。

任务实施

引导问题 3：电动汽车 CAN 总线示意图如图 10-1-1 所示，其总线设置为什么需要分成两条网络呢？

小提示 3：

电动汽车网络总线所需要控制的器件与设备对相应速度、工作重要性等方面是有不同要求的，同学们可根据以上思路对图中总线进行分析。

CAN 总线通信协议是在考虑工业现场环境的背景下制定的，采用了国际标准化组织 ISO 制定的开放系统互连 ISO-OSI 模型中的三层，即物理层、数据链路层和应用层。CAN 总线规范已被国际标准化组织制定为国际标准 ISO 11898，并被公认为最有前途的现场总线之一，已经广泛地应用于工业领域。得到 MOTOROLA、PHILIPS、Intel、SIEMENS 等著名半导体器件生产厂家的支持，进而迅速推出了各种集成 CAN 协议的产品。与一般的总线相比，CAN 总线具有可靠、灵活、实时性强的优点。

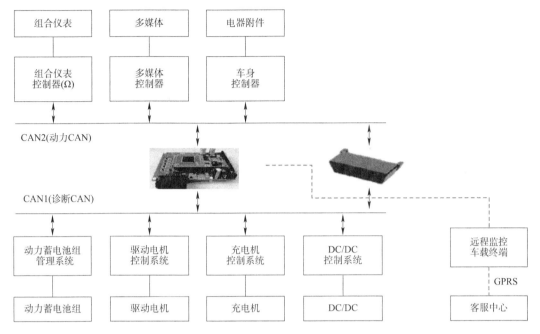

图 10-1-1 典型电动汽车网络总线分布示意图

(1) CAN 总线采用多主结构,网络上的任一节点可在任意时刻向其他节点发送信息,通信方式灵活。

(2) 网络上的节点根据对总线访问优先级的不同(取决于报文标识符),最快可在 $134\mu s$ 内得到响应。

(3) 采用非破坏性总线仲裁技术,可以大大节省总线冲突仲裁时间,网络在拥挤的情况下也不会瘫痪。

(4) CAN 协议废除了站地址编码,而是对通信数据进行编码,这可使不同的节点同时接收到相同的数据,可以方便地实现点对点、一点对多点及全局广播等方式的传送接收数据,容易构成冗余结构提高系统的可靠性和系统的灵活性。

(5) CAN 采用 NRZ 编码,直接通信距离最远可达 10km(速率 5kbit/s),通信速率最高可达 1Mbit/s(此时通信距离最长为 40m)。

(6) 采用短帧结构,传输时间短,受干扰概率低。CAN 的每帧信息都有 CRC 效验及其他检错措施,保证数据出错率极低。

(7) 通信介质可为双绞线、同轴电缆或光纤,选择灵活。

(8) CAN 节点在错误严重的情况下具有自动关闭输出功能,以使总线上其他节点的操作不受影响。

💡 小提示 4:

电动汽车与传统汽车最大的区别就是用电能来驱动,即用蓄电池和电机的组合来代替传统的发动机。这样对电机的驱动控制和对蓄电池的管理就成为电动汽车的关键技术。另外,纯电动汽车的控制系统还包括助力转向控制、车身系统控制、组合仪表等部分,每个部分都有独立的控制单元(ECU),一些先进的汽车上还装备了防抱死制动控制系统(ABS)、安全气囊控制系统(SRS)、巡行控制系统、驱动防滑控制系统(ASR)、悬架控制、空调控制、防盗及其他控制等控制单元。另外，各种舒适性控制装置和通信系统也不断增多，而且各 ECU 之间有着密切的联系，构成了基于 CAN 总线的汽车控制系统网络。

纯电动汽车的整车控制系统是由两条总线构成，即高速 CAN 总线和低速总线。高速 CAN 总线和低速总线是两个独立的总线系统。为了便于汽车所有功能的管理，通过网关将这两个总线网络连接起来，不同总线间的数据通过网关实现数据的共享。这样两个总线分别独立运行，只有需要在两种总线间交换的数据才通过网关进行传输。这种方式可将不同类型的信息分开，减轻了各网络总线上的负担。高速 CAN 总线主要连接纯电动汽车的驱动系统，由驱动系统各个子系统和故障分析记录系统节点组成，可以实现对电机、蓄电池、转向、制动等关键系统的快速控制。

考核内容与评分标准见表 10-1-3。

考核内容与评分标准　　　　　　　　　表 10-1-3

考核项目		考核内容	评分标准	分数	小组互评	教师评价	得分
理论考核（60%）		采用笔试形式，在每个任务结束时实施，考核内容是结构与原理、安装与调试等	选择题30%；判断题30%；填空题20%；简答题20%	60	—		
实操考核（40%）	过程考核（20%）	团队合作、活动参与	是否和谐	2			
		安全规范操作	有无安全隐患	2			
		现场8S(整理、整顿、清理、清扫、安全、服务、素养、节约)	是否做到	2			
		制订安装与调试作业实施计划	方案是否正确、合理	2			
		操作过程	1.学生8人一组，在电气学习训练区完成实训任务，教师及小组互检评分；2.每人撰写实训报告并在小组进行交流，根据在小组活动中的表现进行小组互评	12			
	结果考核（20%）	任务完成情况	是否圆满完成	10			
		工具、设备使用	是否规范、标准	5			
		劳动纪律	是否能严格遵守	3			
		工作页填写	是否完整、规范	2			
合计		教师签名：	年　　月　　日				

任务 2 电动汽车整车控制器的组成与原理

学习目标

完成本学习任务后,你应当能够:
1. 叙述电动汽车整车控制器的作用;
2. 分析电动汽车整车控制器的结构与原理;
3. 在实训中实施8S,进行团队合作。

任务书

实训任务单见表10-2-1。

实 训 任 务 单　　　　　　　　　　　　　表 10-2-1

专业班组		班长		日期	
实训任务	电动汽车整车控制器的组成与原理					
检查意见:					
签字:					

任务分组

学生任务分配见表10-2-2。

学生任务分配表　　　　　　　　　　　　　表 10-2-2

班级		组号		指导老师	
组长		学号			
组员	姓名		学号	姓名	学号
任务分工					

获取信息

引导问题1：电动汽车总线系统每时每刻都会产生大量的数据，各个不同的系统、组件、器件之间的数据是通过什么样的一个器件来汇总处理的呢？

_____

_____

小提示1：

1. 电动汽车整车控制器组成与原理

整车控制器（VCU）是整车控制系统的核心，承担车辆各系统的数据交换与管理，故障诊断、安全监控、驾驶员意图解析等作用。典型电动汽车整车控制结构原理如图10-2-1 所示。

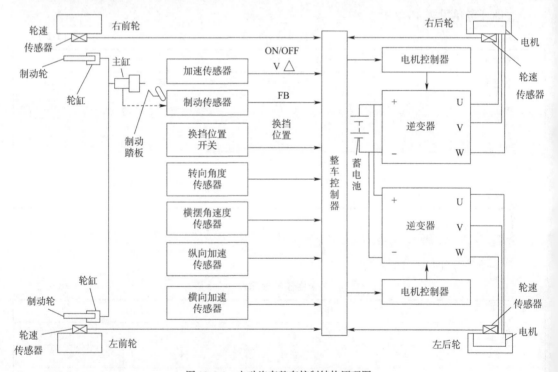

图 10-2-1　电动汽车整车控制结构原理图

（1）整车控制器的主要功能有：

①控制模式的判断：判断当前车辆状态、挡位、加速、减速等。

②整车能量的管理：判断当前是否充电、放电状态等。

③通信网络管理：管理"三电"系统、车载监控系统、多媒体系统等的通信。

④制动能量回收：控制车辆将动能回收并充入动力蓄电池。

⑤故障诊断处理：判断车辆当前状态并自动检测故障。

⑥状态监测与显示：监测车辆实时状态并通过人机交互系统进行显示。

（2）整车控制器组成（图10-2-2）。

①结构组成。

VCU由金属壳体和一组PCB线路板组成。

②硬件组成。

由主控芯片及其周边的时钟电路、复位电路、预留接口电路和电源模块组成最小系统。

在最小系统以外，一般还配备数字信号处理电路，模拟信号处理电路，频率信号处理电路，通信接口电路（包括CAN通信接口和RS232通信接口）。

图10-2-2　VCU内部结构图

一些用于监测车体自身状态的信号或者车载部件中比较重要的开关信号、模拟信号和频率信号，由传感器直接传递给VCU，而不通过CAN总线。

（3）电动汽车上的其他具有独立系统的电气，一般通过共用CAN总线的方式进行信息传递。

①直接传递的信号。

这里所说的开关信号包括：钥匙信号、挡位信号、充电开关、制动信号等。

模拟信号一般有：加速踏板信号、制动踏板信号、蓄电池电压信号等。

频率信号，比如车速传感器的电磁信号。

输出的开关量，动力蓄电池供电回路上的接触器和预充继电器，在一些车型上，由VCU负责控制。

②通过CAN交互的电气单元。

CAN总线上的通信参与者地位不分主从，随时随地向总线发动信息。信息之间的先后顺序由发出信息者的优先级确定。优先级在通信协议中已经作出规定，每条信息里都有发信者的地址编码。

通信中的信息编码，都有相应的通信协议予以明确规定。谁发出什么样的代码、提供哪些类型的信息，主要依据是供需双方的约定。比如表10-2-3中的电气单元地址编码，就是来自一份整车厂与VCU供应商的技术协议。

电气元件地址编码表　　　　　　　　　　　　　　　表10-2-3

ECU名称	地　址	ECU名称	地　址
电动助力专项系统（EPS）	227	整车控制器（VCU）	39
充电机控制系统（CCS）	229	电子控制空气悬架（ECAS）	47
仪表	248	电机控制器（MCU）	239
变速器	3	电池管理系统（BMS）	244
ABS控制器	11	车载数据记录仪（VIR）	251

CAN故障记录，是维修调试人员最好的小帮手。表10-2-4是通信协议中对故障码的规定，常见的故障类型都位列其中，只要对照协议表格，大家都可以读懂故障记录了。

协议故障码对照表 表10-2-4

字 节 位	长 度	SPN 定义	说 明
1.1	1位	直流侧过压	1:过压;0:正常
1.2	1位	IGBT故障	1:故障;0:正常
1.3	1位	过流	1:过流;0:正常
1.4	1位	控制电路欠压	1:欠压;0:正常
1.5	1位	蓄电池过压	1:过压;0:正常
1.6	1位	保留	
1.7	1位	保留	
1.8	1位	保留	

2. 整车控制器工作特点与模式

1) VCU 与动力蓄电池系统

动力蓄电池是纯电动汽车动力的唯一来源。VCU 与蓄电池管理系统(BMS)通过整车CAN 总线进行信息交互。

动力蓄电池包实时监测并上报给 VCU 参数包括：总电流、总电压、最高单体电压、最低单体电压、最高温度、蓄电池包荷电状态 SOC(State of Charge)，某些系统还监测电池包健康状态 SOH(State of Health)。

VCU 发送给蓄电池包的命令包括充电、放电和开关指令。

充电，在最初的充电连接信号确认后，整车处于禁止行车状态，VCU 交出控制权。整个充电过程由蓄电池管理系统(BMS)和充电机共同完成，直至充电完成或者充电中断，车辆控制权重新回到 VCU 手中。

放电，VCU 根据驾驶员意图，推算出车辆的功率需求，换算成电流需求，发送给 BMS。BMS 根据自身 SOC、温度和系统设计阈值，确定提供的电流值。

当蓄电池管理系统需要使用蓄电池包以外的资源时，需要蓄电池包与 VCU 协调处理蓄电池管理过程，比如压缩机系统、冷却液循环系统等的开启关闭。如果蓄电池管理过程只涉及蓄电池包内部电气，比如开启内置的 PTC、加热膜加热，或者开启风扇降温，则信息只在蓄电池包内部处理即可，不需要与 VCU 沟通。

开关指令，在充放电开始之前，VCU 控制整车强电系统是否上电，通过控制蓄电池包的主回路接触器实现。在车辆运行过程中，遇到突发状况，VCU 酌情判断是否闭合或者断开主回路接触器。

2) VCU 与电机及其控制器

VCU 向电机控制器发送的指令包含三个部分，电机使能信息、电机模式信息(再生制动、正向驱动、反向驱动)以及相应模式下的电机转矩。

电机控制器向 VCU 上报电机和控制器的各种参数及故障报警信息，主要参数包括电机转速、电机转矩、电机电压和电流。

3）VCU 与充电系统

充电系统包括车载充电机、非车载充电机,广义上还包含换电系统。充换电系统(这里的"充"主要是指非车载充电机),出于最大通用性的考量,需要一套统一的通信协议。下列国标都是目前的最新版本。

《电动汽车非车载传导式充电机与电池管理系统之间的通信协议》(GBT 27930—2015)。

《电动汽车快换电池箱通信协议》(GB/T 32895—2016)。

《电动汽车动力仓总成通信协议》(GB/T 32896—2016)。

标准统一规定了充电流程,包括具体的通信编码、通信语句的内容。

以充电枪与车辆上的充电接口的物理连接为开端,整个充电过程中的信息互换都在蓄电池管理系统和充电机之间进行,不再通过 VCU。

4）VCU 与制动系统

采用复合制动系统的电动汽车,需要综合考虑液压制动系统,电机制动和 ABS 的协调一致性,进而需要有自己的管理系统,称为制动管理系统(BCU)。BCU 可以独立于 VCU 之外,只通过 CAN 通信,也可以把功能集成到 VCU 内部。

根据制动踏板的开度和开度变化的速度,VCU 计算出车辆的制动需求力矩,传递给 BCU。BCU 根据车辆的具体状态作出具体力矩分配。

车速中等的一般制动,直接切入电机能量回馈制动,以最大数量的回收制动能量。

车速高,驾驶员急踩踏板,需要紧急制动。则 BCU 会首先启动液压制动系统,待减速状态稳定以后,再引入能量回馈制动,并逐渐加大比例。

行驶在冰雪路面,BCU 则会引入 ABS,并将其优先级设置为最高,以车辆正常安全行驶为要。

5）VCU 与智能仪表

电动汽车仪表盘,结合传统车原来的布置,《电动汽车仪表》(GB/T 19836—2019)对显示内容提出了要求,见表 10-2-5。

智能仪表显示要求　　　　表 10-2-5

项　目	电动汽车组合仪表显示信息
整车	车速,累计行驶里程
传统信号	车门关,刮水器。ABS,安全带,安全气囊
电动汽车	运行准备就绪,系统故障,整车控制器打开
动力蓄电池	电压,电流,温度,荷电状态,剩余容量,充电状态,液面高度,故障和切断
电机	转速,电压,电流,温度,过热,超速
充电	充电连接,充电指示
电气安全	绝缘电阻,爬电距离

仪表系统通过 CAN 总线与 VCU 相连,从 VCU 获取需要显示的数据。数据传输进仪表控制器以后,信号处理电路,将信息还原成各个仪表的显示内容。

上一代的指针式仪表,需要以步进电机为媒介,把获得的数据转化成驱动表针旋转的动力。稍微先进一点的液晶显示器,则不需要驱动步进电机这个过程,直接通过信息处理,即可在显示屏上实时显示。

任务实施

VCU作为车辆的核心,控制和监测着车辆的每一个动作。车辆的控制过程,就是针对不同的运行模式,对关切的几个参数进行比较。参数属于哪个范围,汽车就执行怎样的运行模式。

车辆工作模式,一般的划分法:起步模式、正常驱动模式、制动模式、失效保护模式、空挡模式和充电模式。

下面按照车辆的不同运行模式,讲述它的工作过程。

1. 起步模式

这个模式的最重要特点是,进入起步模式以后,如果车辆处于水平路面,则车辆会以较小的速度开始行驶;如果车辆处于斜坡上,则车辆至少会维持住原地不动的状态。这是起步模式的特殊设计,该模式下,不必踩踏加速踏板,电机自动输出一个基础转矩,防止溜车。

2. 正常驱动模式

正常驱动模式指车辆处于正常运行状态,包括加速、减速、倒车。这个过程中,VCU持续监测各个电气系统电流、电压、温度等参数,以及车辆自身的车速、滑移率等等行车参数。识别驾驶员意图,按照加速踏板的开度和开度变化率,计算电机的驱动转矩和电池的输出功率。

3. 制动模式

制动踏板被踩下,启动制动模式。VCU分析制动踏板的开度和开度变化率以及车速,结合车辆自身的车型参数,推算制动力矩。指挥制动控制器,作出最合理的制动力矩分配方案(提供制动力矩的主体包括液压制动系统和电机回收制动),以及是否优先启动ABS主导制动过程。安全有效地实现驾驶员的制动意图。

4. 失效保护模式

电动汽车运行过程中,系统内出现的故障定义成几个等级。

故障等级最低的,一般只是提示驾驶员。比如电池温度达到50℃。

故障等级最高的,会强制车辆在一个比较短的时间内停车,比如检测出了系统绝缘故障。

而介于以上两者之间的故障,不会强制停车,但会对车辆的运行状态进行限制。比如电池电量SOC低于30%,限速行驶。此时的动力蓄电池系统,已经无法输出额定功率,而只能以一个较小的功率工作。

5. 空挡模式

电机与车辆的传动系统之间没有机械连接,电机处于空转状态,不会向外输出任何转矩。

6. 充电模式

充电枪与车辆充电插座物理连接确认后,辅助电源上电,相互发送握手报文并完成绝缘检测。

握手完成,进行参数确认。充电机发送充电机最大输出能力报文,BMS确认,是否可以以最大能力充电,若不可,则发送蓄电池包的最大接受能力。

进入正式充电阶段,在此过程中,充电机和BMS实时互相发送状态信息,BMS周期性发送需求参数。

充电结束,其判别条件根据BMS的不同设置而有所不同,一般做法,充电最后恒压阶段,电流衰减到一个设定值或者设定的倍率,即认为蓄电池包已经充满,充电过程可以结束。

过程中,任何一方发生故障,比如过温、过流等,充电机都会发出报警,根据故障等级的不同,有的直接终止,有的等待人为处理。

评价反馈

考核内容与评分标准见表10-2-6。

考核内容与评分标准　　　　　　　　　　　　　　　　　　　　　　表10-2-6

考核项目		考核内容	评分标准	分数	小组互评	教师评价	得分
理论考核（60%）		采用笔试形式,在每个任务结束时实施,考核内容是结构与原理、安装与调试等	选择题30%；判断题30%；填空题20%；简答题20%	60	—		
实操考核（40%）	过程考核（20%）	团队合作、活动参与	是否和谐	2			
		安全规范操作	有无安全隐患	2			
		现场8S（整理、整顿、清理、清扫、安全、服务、素养、节约）	是否做到	2			
		制订安装与调试作业实施计划	方案是否正确、合理	2			
		操作过程	1.学生8人一组,在电气学习训练区完成实训任务,教师及小组互检评分；2.每人撰写实训报告并在小组进行交流,根据在小组活动中的表现进行小组互评	12			
	结果考核（20%）	任务完成情况	是否圆满完成	10			
		工具、设备使用	是否规范、标准	5			
		劳动纪律	是否能严格遵守	3			
		工作页填写	是否完整、规范	2			
合计		教师签名：	年　　月　　日				

任务3　电动汽车整车下线总检

> **学习目标**
>
> 完成本学习任务后,你应当能够:
> 1. 正确使用电动汽车电气检测仪器;
> 2. 正确地实施下线总检检测步骤;
> 3. 分析电动汽车不能通过下线检测的原因;
> 4. 在实训中实施8S,进行返线调试。

任务书

实训任务单见表10-3-1。

实训任务单　　　　　　　　　　　　　　　　　　　表10-3-1

专业班组		班长		日期	
实训任务		电动汽车整车下线总检			
检查意见:					
签字:					

任务分组

学生任务分配见表10-3-2。

学生任务分配表　　　　　　　　　　　　　　　　　表10-3-2

班级		组号		指导老师	
组长		学号			
组员	姓名		学号	姓名	学号
任务分工					

获取信息

引导问题 1：电动汽车进入总装后，距离装车出厂还需要做些什么工序呢？

_____

_____

小提示 1：

随着汽车行业的不断发展，汽车的需求及其产量不断增加，保证汽车的出厂质量，是整车厂关注的最终目标之一。其中，整车下线检测（EOL）针对整车进行设计开发，是整车级别的下线测试，是车辆交付客户前的最后一道检测工序，是整车下线必不可少的测试过程。

任务实施

引导问题 2：整车下线检测包含哪些工序呢？

_____

_____

小提示 2：

电动汽车下线总检一般包括等电位/电位均衡测量、整车测试、直/交流充电测试、绝缘性能测试、手持式诊断仪复检（包括数据流读取、参数配置、软件刷写、VIN 读写、MES 交互、数据存储、报表打印等流程）五大模块，最后完成下线测试。电动汽车下线检测基本流程如图 10-3-1 所示。

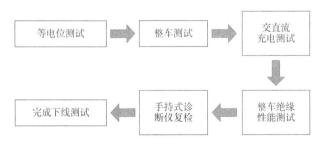

图 10-3-1　电动汽车下线检测基本流程

电动汽车总检下线进程见表 10-3-3。

电动汽车总检下线进程表　　　　　　　　　　　表 10-3-3

检 测 大 类	检 测 系 统	检 测 内 容	状 态 备 注
1. 外观、结构检查	车门检测系统	车门结构与功能检测	
	驾驶室检测系统	商用车单独内容	
	底盘检测系统	底盘管线路与结构检测	

续上表

检测大类	检测系统	检测内容	状态备注
2.电气检查	仪表检测系统	仪表台功能检测,包括灯光、辅助功能、空调等	
		DVD测试	
		MES交互测试	
		总线通信测试	
3.整车检测	下线检测与调试	射频信号解析	
		CAN Bus自动标定数据写入	
		VIN码写入	
4.专项检测	新能源电检	绝缘状态检测	
		快、慢充检测	
		绝缘监控检测	
5.检测结论		合格(是/否)	
		检测人员签名	

评价反馈

考核内容与评分标准见表10-3-4。

考核内容与评分标准　　　　　　　　　　　　　表10-3-4

考核项目	考核内容	评分标准	分数	小组互评	教师评价	得分
理论考核(60%)	采用笔试形式,在每个任务结束时实施,考核内容是结构与原理、安装与调试等	选择题30%;判断题30%;填空题20%;简答题20%	60	—		
实操考核(40%)	过程考核(20%)	团队合作、活动参与	是否和谐	2			
		安全规范操作	有无安全隐患	2			
		现场8S(整理、整顿、清理、清扫、安全、服务、素养、节约)	是否做到	2			
		制订安装与调试作业实施计划	方案是否正确、合理	2			
		操作过程	1.学生8人一组,在电气学习训练区完成实训任务,教师及小组互检评分; 2.每人撰写实训报告并在小组进行交流,根据在小组活动中的表现进行小组互评	12			

续上表

考核项目		考核内容	评分标准	分数	小组互评	教师评价	得分
实操考核（40%）	结果考核（20%）	任务完成情况	是否圆满完成	10			
		工具、设备使用	是否规范、标准	5			
		劳动纪律	是否能严格遵守	3			
		工作页填写	是否完整、规范	2			
合计		教师签名： 年 月 日					

项目十一 智能网联汽车电控装置标定与测试

任务1 智能网联汽车电控装置标定

> **学习目标**
>
> 完成本学习任务后,你应当能够:
> 1. 叙述激光雷达与毫米波雷达工作原理;
> 2. 叙述各智能传感器的标定逻辑原理;
> 3. 调试与测试智能网联汽车传感器;
> 4. 在教师的指导下,使用电气工量具,完成电控装置的标定;
> 5. 实训过程中能够实施8S规定,进行团队合作。

 任务书

实训任务单见表11-1-1。

实 训 任 务 单　　　　　表11-1-1

专业班组		班长		日期	
实训任务		智能网联汽车电控装置的标定			
检查意见:					
签字:					

任务分组

学生任务分配见表11-1-2。

学生任务分配表　　　　　　　　　　　　　　　　表 11-1-2

班级		组号		指导老师	
组长		学号			
组员	姓名		学号	姓名	学号
任务分工					

获取信息

引导问题 1：智能网联汽车为什么需要标定校准？

_____

_____

_____

小提示 1：

传感器的标定就是利用过某种标准仪器对新研制或生产的传感器进行技术检定和标度；它是通过实验建立传感器输入与输出量的关系，并确定不同使用条件下的误差关系或测量精度。

传感器的校准是指对使用或储存一段时间后的传感器性能进行再次测试和校正，校准的方法和要求与标定相同。

智能传感器标定分为静态标定和动态标定。

静态标定是为了确定传感器静态特性指标，包括线性度、灵敏度、分辨率、迟滞、重复性等。

动态标定是为了研究传感器的动态响应特性，如频率响应、时间常数、固有频率和阻尼比等。对传感器的标定是根据标准仪器与被标定传感器的测试数据进行的，即利用标准仪器产生已知的非电量并输入到待测定的传感器中，然后将传感器的输出量与输入的标准量进行比较，从而得到一系列标准数据或曲线。

传感器使用一段时间或经过修理后，需要利用标准器具对其性能指标重新进行确认，看是否可以继续使用或仍符合原先技术指标所规定的要求，这一性能复测过程称为校准。校准是在规定条件下，为确定测量装置与测量系统所指示的量值，或实物量具或参考物质所代表的量值，与对应的由标准所复现的量值之间关系的一组操作。

标定和校准在许多情况下是相同的，但标定必须严格采用基准或精度高一级的标准器进行;校准在没有基准或高一级的标准器时则可以使用同等精度的同类合格传感器,采用比对的方法对原性能是否变化作出判断。比对属于无法直接实现量值溯源的一种计量行为,是对不同计量量具进行的同参数、同量程的相互比对。

引导问题 2:检测与测量的误差是什么意思?

_____

_____

小提示 2:

检测技术的主要任务是测量,检测是广义上的测量。在检测与测量中,必定存在测量误差。人们要获取研究对象在数量上的信息,要通过测量才能得到定量的结果。测量要达到精准度高、误差极小、速度快、可靠性强等标准,则要求测量方法精益求精。

通常把检测结果和被测量得到客观真值之间的差值叫误差。误差主要产生于工具、环境、方式方法技术等方面,下面主要介绍测量误差的有关概念。

1. 量值

量是物体可以从数量上进行确定的一种属性。量值有理论真值、约定真值和实际值或标称值与指示值之分。

(1)理论真值、约定真值和实际值。

真值是指在一定的时间和空间条件下,能够反映被测量真实状态的数值。真值分为理论真值和约定真值两种情形。理论真值是在理想情况下表征一个物理量真实状态或属性的值,它通常是客观存在但不能实际测量得到,或者是根据一定的理论所定义的数值,如三角形的三个内角和为180°;约定真值是为了达到某种目的的按照约定的办法所确定的值,如光速被约定为 $3\times10^8 \text{m/s}$。或以高精度等级仪器的测量值约定为低精度等级仪器测量值的真值。实际值是在满足规定准确度时用以代替真值使用的值。

(2)标称值和指示值。

标称值是计量或测量器具上标注的量值。指示值(即测量值)是测量仪表或量具给出或提供的量值。因受制造、测量环境影响,标称值不一定等于它的实际值,通常在给出标称值的同时也给出它的误差范围或精度等级。

2. 精度

反映测量结果与真值接近程度的量,称为精度。精度与误差的大小来表示精度的高低,误差小则精度高,误差大则精度低。

(1)准确度。

准确度反映测量结果中系统误差的影响(大小)程度,即测量结果偏离真值的程度。

(2)精密度。

精密度反映测量结果中随机误差的影响(大小)程度,即测量结果的分散程度。

(3)精确度。

精确度反映测量结果中系统误差和随机误差综合的影响程度,其定量特征可用测量的不确定度(或极限误差)来表示。

3. 误差的分类

为便于对测量数据进行误差分析和处理,根据测量数据中误差的特征或性质可以将误差分为三种:系统误差、随机误差和粗大误差。

(1) 系统误差:由于测量系统本身的性能不完善、测量方法不完善、测量者对仪器的使用不当、环境条件的变化等原因所引起的测量误差称为系统误差。系统误差的大小表明了测量结果的准确度。系统误差越小,则测量结果的准确度越高。

(2) 随机误差:对同一被测量进行多次重复测量时,绝对误差的绝对值和符号不可预知地随机变化。但就误差总体而言,具有一定的统计规律性,这类误差成为随机误差。

随机误差的大小表明测量结果的重复一致的程度,即测量结果的分散性。通常用精密度表示随机误差的大小。随机误差大,测量结果分散,精密度低;反之,测量结果反复性好,精密度高。

(3) 粗大误差:明显偏离测量结果的误差称为粗大误差(也称疏忽误差或过失误差)。这是由于测量者粗心大意或者环境条件突然变化引起的。粗大误差必须避免,含有粗大误差的测量数据应从测量结果中剔除。

🔵 引导问题3:激光雷达标定的原理是什么?

_____
_____
_____

💡 小提示3:

1. 激光雷达介绍

激光雷达,是以发射激光束探测目标的位置、速度等特征量的雷达系统。其工作原理是向目标发射探测信号(激光束),然后将接收到的从目标反射回来的信号(目标回波)与发射信号进行比较,做适当处理后,就可获得目标的有关信息,如目标距离、方位、高度、速度、姿态、甚至形状等参数,从而对飞机、导弹等目标进行探测、跟踪和识别。它由激光发射机、光学接收机、转台和信息处理系统等组成,激光器将电脉冲变成光脉冲发射出去,光接收机再把从目标反射回来的光脉冲还原成电脉冲,送到显示器。

2. 激光雷达为什么需要标定

激光雷达内参指的是其内部激光发射器坐标系与激光雷达自身坐标系转换关系,一般在出厂之前已经标定完成激光雷达的安装原因,它的坐标系与车体坐标系的坐标轴存在角度偏差。所以对于激光雷达只需要要求取它的外参。也就是激光雷达坐标系与车体坐标系之间的转换关系。

通过建立车辆质心坐标系、雷达基准坐标系以及车载激光雷达坐标系,将激光雷达的数据转换到基准坐标系中,再将其统一转换到车辆坐标系下。激光雷达外部安装参数的标定,通常采用等腰直角三角标定板和正方形标定板来完成。需要标定的激光雷达的安装参数包括激光雷达俯仰角与侧倾角等。

3. 标定原理

激光雷达扫描的每一个点,记录的数据都是根据激光发射和接收的时间差、激光强度差、激光发射的偏航角、俯仰角计算而得,其默认的坐标系是此时刻以激光雷达为原点的坐标系,但激光雷达在整个扫描过程中是运动的,所以如果以运动出发点为世界坐标系原点,获得各时刻激光雷达扫描到的点在世界坐标系下的绝对坐标。

4. 标定场景

由于激光雷达(LiDAR)标定方法用于自然环境,因此良好的地点可以显著提高标的准确性。建议选择包含树木、电线杆、路灯、交通标志、静止物体和清晰交通等物体的标定场地,如图 11-1-1 所示。

图 11-1-1　标定场地

5. 激光雷达标定

(1)单线激光雷达标定。

如图 11-1-2a)所示,以图中激光雷达安装位置为例,车体坐标系 O_v-X_v-Z_v,以车辆后轴中心为原点,Z 轴垂直地面向上,X 轴平行于地面向前,Y 轴平行于地面向左。单线激光雷达坐标也是指向汽车前方为 X 轴,指向汽车左侧为 Y 轴,激光雷达在安装时,它的坐标系与车体坐标系的坐标轴之间存在角度偏差,如图 11-1-2b)所示,激光雷达坐标系的 X 轴与水平地面偏差了俯仰角 α,Y 轴相对于水平地面侧倾角 γ,单线激光雷达到车体坐标系原点的距离和高度差,很容易测量出来激光雷达主要标定的是俯仰角 α 和侧倾角 γ。

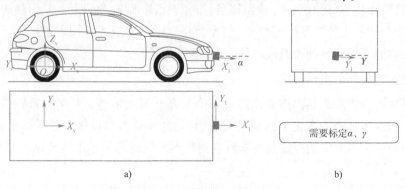

图 11-1-2　单线激光雷达标定

激光雷达外部安装参数的标定通常采用等腰直角三角标定板和正方形标定板来完成，需要标定的激光雷达的安装参数为激光雷达的俯仰角 α 与侧倾角 γ。

首先用正方形标定激光雷达的侧倾角 γ，如图 11-1-3 所示。

正方形 $ABCD$ 为标定板，边长已知，激光雷达在位置 O，则 γ 为激光雷达的侧倾角。$\angle FOE$、L_{OE} 和 L_{OF} 可由激光雷达测得，因此由余弦定理可得到 L_{EF}，由此可得：

$$\gamma = \arccos \frac{L_{AB}}{L_{BF}} \tag{11-1-1}$$

标定得到激光雷达的侧倾角后，采用等腰直角三角形标定激光雷达俯仰角 α，如图 11-1-4 所示。

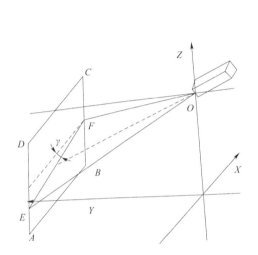

图 11-1-3　激光雷达侧倾角的标定

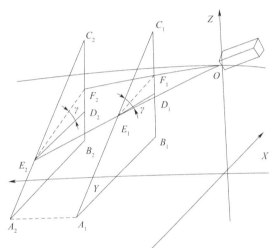

图 11-1-4　激光雷达俯仰角的标定

首先把标定标定板放于 A_1 位置。其中，$\angle B_1$ 是直角，$\angle F_1OE_1$，L_{OE1} 和 L_{OF1} 可由激光雷达测得，则可计算出 $L_{F_1E_1E}$。根据前面计算此处的激光雷达侧倾角，$L_{E_1D_1} = L_{F_1E_1} \times \cos\gamma$，因此，等腰三角形中，$L_{D_1B_1} = L_{B_1C_1} - L_{D_1E_1}$。把标定板移至 A_2 处，同理可得 $L_{D_2B_2}$。由此可知激光雷达的俯仰角 ∂：

$$\partial = \arctan \frac{L_{D_1B_1} - L_{D_2B_2}}{L_{A_2A_1}} \tag{11-1-2}$$

（2）多线激光雷达的标定，两个三维空间直角坐标系之间的转换关系可以用旋转矩阵加平移矩阵来表示，如图 11-1-5 所示。

如图 11-1-6 所示，假设有一点 P 在车体坐标系 $X\text{-}Y\text{-}Z$ 下的坐标为 $p(x,y,z)$ 在激光雷达坐标系 $O'\text{-}X'\text{-}Y'\text{-}Z'$ 下的坐标为 $p'(x',y'z')$，P,P' 坐标转换关系可以用下式表示：

$$\begin{bmatrix} x \\ y \\ z \end{bmatrix} = R \begin{bmatrix} x' \\ y' \\ z' \end{bmatrix} + T \tag{11-1-3}$$

式中：R——激光雷达坐标系到车体坐标系的旋转矩阵；

　　　T——激光雷达坐标系到车体坐标系平移向量。

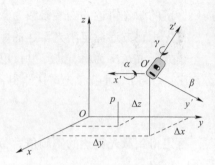

图 11-1-5　激光雷达坐标系　　　　　　　图 11-1-6　外参示意图

多线激光雷达标定方法可以用纸箱法。

6. 激光雷达的外参标定

在无人驾驶汽车中,通常配备了不止一个激光雷达,而不同激光雷达之间则需要外参标定,以便于后续的点云融合等等。

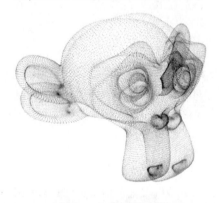

由于激光雷达的数据是 3D 点,因此,对于多激光雷达之间的外参标定问题,很自然就想到了利用光谱仪(ICP)原理对齐,如图 11-1-7 所示。

ICP 是一种点集对点集的配准方法,该算法计算如何把一个数据集中的点云经过点云平移旋转,使其与另一个数据集中的点云重合。

激光雷达的标定步骤:

(1)首先把激光雷达扫描得到的点云和 Rigel 稠密的点云之间进行 ICP 迭代最近点匹配。

图 11-1-7　数据式 3D 点　　　(2)分别达到激光雷达和 Rigel 的位置。

(3)然后将两个位置矩阵相互传递得到激光雷达和激光雷达间的相对位置。

验证的方式是把两个激光雷达采集到的点云都投到真实的物理世界中,看点云是否模糊或清楚,如果模糊则需要重新标定。

标注注意事项:

(1)在空旷环境下,准备标定物(标定板、标定支架等)。

(2)寻找雷达之间的共同视场角(FOV)方向的同一目标物。

(3)通过旋转一定角度,平移一定距离,使得目标物重叠。

(4)完成外参标定。

(5)如果没有共同 FOV,则只能根据每个雷达之间的空间关系进行外参调整。

引导问题 4:毫米波雷达与相机融合标定标的原理是什么?

💡 **小提示 4**：

毫米波雷达是工作在毫米波波段，工作频率在 30~100GHz 之间，波长在 1~10mm 之间的电磁波，通过向障碍物发射电磁波并接收回波来精确探测目标的方向和距离，如图 11-1-8 所示。

图 11-1-8　毫米波雷达工作原理示意图

毫米波雷达工作原理：当目标向雷达天线靠近时，反射信号频率将高于发射机频率；反之，当目标远离天线而去时，反射信号频率将低于发射概率。由多普勒效应所形成的频率变化叫作多普勒频移，它与相对速度 V 成正比，与振动的频率成反比。如此，通过检测这个频率差，可能测得目标相对于雷达的移动速度，也就是目标与雷达的相对速度。根据发射脉冲和接收的时间差，可以测出目标的距离。

毫米波雷达优点：抗杂波干扰能力强，有一定的绕射能力，穿透能力越强，对烟雾灰尘具有更好的穿透性、受光照和天气因素影响较小，所以具有全天候的工作能力。

毫米波雷达缺点：毫米波雷达的缺点是覆盖区域呈扇形，有盲点区域除此之外，毫米波雷达无法识别道路标线、交通标志和交通信号灯。

❓ **引导问题 5**：为什么要做摄像头与毫米波雷达融合？

_____

_____

💡 **小提示 5**：

单一的视觉摄像头传感器检测识别精度不够高，稳定性也比较差，检测纵向距离范围也比较近，摄像头容易受到光线、天气等因素的影响，尤其在晚上、下雨天，毫米光雷达受光照和天气的因素影响比较小，稳定性比较高，并且测距精度也比较高，距离也比较远，但是目前毫米波雷达分辨比较低，对金属比较敏感，进而识别性能比较差，并且不能够识别目标的特征信息，所以单一的传感器是不能够解决所有问题的，毫米波雷达与摄像头的融合也必然是一种趋势。激光雷达虽然能探测到 3D 信息，准确率更高，但是容易受到下雨天，雾霾天气环境的约束，成本非常高，还容易损坏，平均寿命也就 2~3 年，所以车厂更容易青睐毫米波雷达，见表 11-1-3。

视觉摄像头和各种雷达的比较　　　　　　表11-1-3

性能	激光雷达	毫米波雷达	超声波雷达	摄像图
成本	目前很高	适中	很低	适中
探测角度	15°~360°	10°~70°	120°	30°
远距离探测	强	强	弱	强
夜间环境	强	强	强	弱
全天候	弱	强	弱	弱
不良天气环境	弱	强	一般	弱
温度稳定性	强	强	弱	一般
车速测量能力	弱	强	一般	一般
路标识别	×	×	×	√

引导问题6：摄像头标定标的原理是什么？

小提示6：

1. 视觉传感器的技术参数指标

（1）像素。

像素是图像传感器的最小感光单位，即构成影像的最小单位。一帧影像画面由许多密集的亮暗、色彩不同的点组成，这些小点称为像素。像素的多少由CCD/CMOS上的光敏元件数目决定，一个光敏元件就对应一个像素。因此，像素越大，意味着光敏元件越多，相应的成本就越大。像素用两个数字来表示，如720×480,720表示在图像长度方向上所含的像素点数,480表示在图像宽度方向上所含的像素点数，二者的乘积就是该摄像头的像素数。

（2）帧率。

帧率代表单位时间内记录或播放的图片的数量，连续播放一系列图片就会产生动画效果。根据人的视觉系统，当图片的播放速度大于15幅/s的时候，人眼就基本看不出来图片的跳跃了；在达到24~30幅/s时就已经基本觉察不到闪烁现象了。每秒的帧数或者帧率表示图像传感器在工作时每秒能够更新的次数。高的帧率可以得到更流畅、更逼真的视觉体验。

（3）靶面尺寸。

靶面尺寸也就是图像传感器感光部分的大小。一般用英寸来表示，通常这个数据指的是这个图像传感器的对角线长度，如常见的有1/3in（1in=0.0254m）。靶面越大，意味着通光量越好；而靶面越小，则比较容易获得更大的景深。例如，1/2in可以有较大的通光量，而1/4in可以比较容易获得较大的景深。

（4）感光度。

感光度代表通过CCD或COMS以及相关的电子线路感应入射光线的强弱。感光度越高,感光面对光的敏感度就越强,快门速度就越高,这在拍摄运动车辆、夜间监控的时候显得尤其重要。

(5)信噪比。

信噪比是指信号电压对噪声电压的比值,单位为 dB。一般摄像机给出的信噪比值均是自动增益控制(AGC)闭时的值。当 AGC 接通时,会对小信号进行提升,使得噪声电平也相应提高。信噪比的典型值为 45~55dB。若为 50dB,则图像有少量噪声,但图像质量良好;若 60dB,则图像质量优良,不出现噪声。信噪比越大,说明对噪声的控制越好。

2. 相机的内部参数

摄像图的内部参数与摄像头自身特性相关的参数,主要有焦距、光学中心、图像尺寸和畸变系数等,如图 11-1-9 所示。

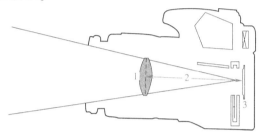

图 11-1-9　摄像头的焦距
1-光学中心;2-焦距;3-图像传感器

焦距一般用 mm 表示,如 18~135mm 代表着焦距可以从 18~135mm 进行变化,说明该摄像机的焦距是可变的;而 50mm 代表摄像头的焦距只有 50mm,说明该摄像头的焦距是不可变的,如图 11-1-10 所示。

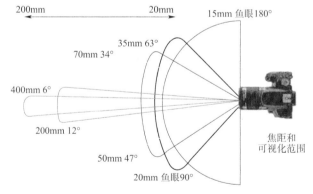

图 11-1-10　焦距与水平视角的关系

光学中心:相机的镜头是由多个镜片构成的复杂光学系统,如图 11-1-11 所示。光学系统的功能等价于一个薄透镜,实际上薄透镜是不存在的。光学中心是这等价透镜的中心,如图 11-1-12 所示。

图像尺寸:图像尺寸与分辨率有关,图像分辨率越高,像素的点密越高,图像的像素、尺寸和分辨率具有以下关系。

(1)像素相同,图像尺寸越小,单位面积内像素点越多,分辨率越大,画面越清晰。

（2）图像的分辨率越高，画面越清晰。
（3）图像分辨率取决于图像的像素和尺寸，像素高且尺寸小图像分辨率大，则画面清晰。
（4）图像像素越高，并不意味画面越清晰。

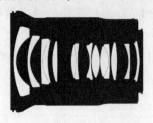

图 11-1-11　相机镜头及其光学系统

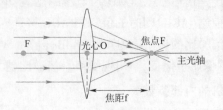

图 11-1-12　光学中心

畸变系数：畸变系数分为径向畸变系数和切向畸变系数。径向畸变发生在相机坐标系转向物理坐标系的过程中；切向畸变产生的原因是透镜不完全平行于图像。径向畸变主要包括：枕形畸变、桶形畸变，如图 11-1-13 所示。

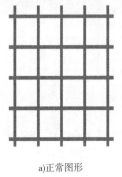

a)正常图形

b)枕形畸变

c)桶形畸变

图 11-1-13　图像畸变

3. 相机的外部参数

外部参数是指相机的安装位置，即相机离地高度以及相机相对于车辆坐标系的旋转角度。

（1）离地高度。是指从地面到相机焦点的垂直高度，如图 11-1-14 所示。

图 11-1-14　相机离地高度

（2）旋转角度。相机相对于车辆坐标系的旋转角度有俯仰角、偏航角和横滚角，如图 11-1-15 所示。

俯仰角是指车辆的水平面与摄像头广轴之间的夹角；偏航角是指车辆的 X_v 轴与摄像头光轴之间的夹角；横滚角是指摄像头绕光轴的转角。

毫米波、摄像头、激光雷达它们各自有一个固定在传感器本身上面的坐标系，它们的信息都是基于本身坐标系的。毫米波雷达、摄像头、激光雷达传感器的坐标系以及车体坐标系,这些传感器感知障碍物等信息需要转换到车体坐标系下,如何将各个传感线的坐标转换到车体坐标系,这就需要标定。

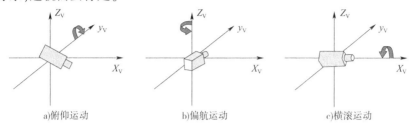

图 11-1-15 相机旋转角度

评价反馈

考核内容与评分标准见表 11-1-4。

考核内容与评分标准 表 11-1-4

考核项目	考核内容	评分标准	分数	小组互评	教师评价	得分
理论考核（60%）	采用笔试形式,在每个任务结束时实施,考核内容是结构与原理、安装与调试等	选择题30%；判断题30%；填空题20%；简答题20%	60	—		
实操考核（40%）	过程考核（20%）	团队合作、活动参与	是否和谐	2			
		安全规范操作	有无安全隐患	2			
		现场8S（整理、整顿、清理、清扫、安全、服务、素养、节约）	是否做到	2			
		制订安装与调试作业实施计划	方案是否正确、合理	2			
		操作过程	1. 学生8人一组,在电气学习训练区完成实训任务,教师及小组互检评分；2. 每人撰写实训报告并在小组进行交流,根据在小组活动中的表现进行小组互评	12			
	结果考核（20%）	任务完成情况	是否圆满完成	10			
		工具、设备使用	是否规范、标准	5			
		劳动纪律	是否能严格遵守	3			
		工作页填写	是否完整、规范	2			
合计	教师签名：	年 月 日				

任务 2　智能网联汽车电控装置测试

学习目标

完成本学习任务后,你应当能够:
1. 叙述组合导航系统组成与原理;
2. 进行毫米波雷达的常见故障检测及排除;
3. 进行激光雷达的常见故障检测及排除;
4. 进行组合导航系统故障检测及排除;
5. 在教师的指导下,独立完成实训工单;
6. 在实训中实施8S,正确使用电气安装与调试工量具。

任务书

实训任务单见表11-2-1。

实 训 任 务 单　　　　　　　　　　　表11-2-1

专业班组		班长		日期	
实训任务		智能网联汽车电控装置测试			
检查意见:					
签字:					

任务分组

学生任务分配见表11-2-2。

学生任务分配表　　　　　　　　　　　表11-2-2

班级		组号		指导老师	
组长		学号			
组员	姓名		学号	姓名	学号
任务分工					

获取信息

引导问题1：组合导航系统测试与标定是什么？

_____
_____
_____

💡 **小提示1**：

1. GNSS 天线安装

天线与载体为刚性固定，确保在载体移动时，天线不会晃动，天线基线建议与载体前进的方向保持一致。

GNSS 天线分别旋拧到两个强磁吸盘上并分别固定摆放在测试载体的前进方向和后退方向上，尽可能地将其安置于测试载体的最高处，以保证能够接收到良好的 GNSS 信号，同时要保证两个 GNSS 天线相位中心形成的连线与测试载体中心轴线方向一致或平行，如图 11-2-1 所示。

2. 导航主机的安装

将组合导航主机安装在载体上，如图 11-2-2 所示，主机铭牌上标示的坐标系面尽量与载体被测基准面平行，Y 轴与载体前进方向中心线平行。注意：主机单元必须与被测载体固连。

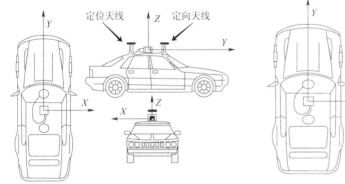
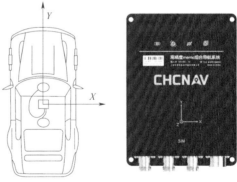

图 11-2-1　GNSS 天线安装　　　　　　图 11-2-2　主机安装位置

3. 硬件连接（表 11-2-3、图 11-2-3）

硬件连接表　　　　　　　　　　　表 11-2-3

序号	型号名称	序号	型号名称
1	主机	4	主缆线—RS422 接口
2	主缆线	5	主缆线—CAN1 接口
3	主缆线—RS232 接口	6	主缆线—CAN2 接口

续上表

序号	型号名称	序号	型号名称
7	主缆线—PPS 接口	14	DTU—电源线
8	主缆线—POWER 接口	15	DTU—天线
9	主天线（定向测量天线）	16	DTU—卡托
10	从天线（定向测量天线）	17	DTU—SIM 卡（4G 流量卡大卡）
11	主天线连接线/馈线（FAKRA—C 转 TNC）	18	RS422-USB 串口线
12	从天线连接线/馈线（FAKRA—D 转 TNC）	19	DB9-OBD 转换线
13	DTU—主机	20	虚拟设备：厘米级高精度 RTK 服务账号

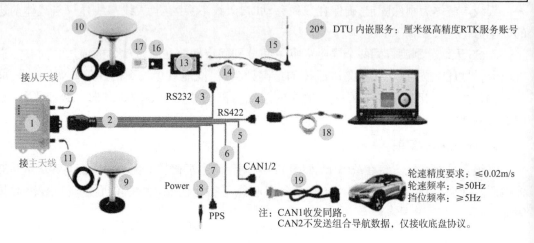

图 11-2-3　硬件连接图

❓ **引导问题 2**：智能传感器常见工作异常情况是什么？

💡 **小提示 2**：

1. 毫米波雷达的外观认知

毫米波雷达主要由后覆盖密封胶圈、散热片、PCBA 前盖及端口组成，如图 11-2-4 所示。

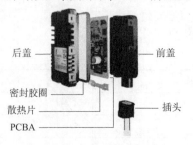

图 11-2-4　毫米波雷达装配图

雷达端口接头针脚的功能,见表11-2-4。

雷达端口接头组成　　　　　表11-2-4

雷达端口接口8管脚定义	管脚	符号	颜色	功　能
	1	VBAT	红	9~36V
	2	GND	黑	搭铁
	3	CAN0-L	黄	保留
	4	CAN0-H	绿	
	5	CAN1-L	蓝	雷达数据接口
	6	CAN1-H	橙	
	7	HSD OUT1	白	高边驱动输出1
	8	HSD OUT2	褐	高边驱动输出2

ESRR角雷达(短距),EMRR前向雷达(中距)的CAN接口上实现的功能包括:

(1)输出原始测量点迹和跟踪后的目标航迹信息。

(2)输出雷达运行状态、故障信息。

(3)固件及标定参数刷写。

(4)车身信号接收,如车速、横摆速率等信号。

(5)雷达工作参数配置,可以配置各种过滤条件,碰撞区域、报警输出以及雷达工作模式等参数。

2. 毫米波雷达的常见故障

毫米波雷达在使用过程中可能会出现信号失效、误报警、雷达错位、无信号采集、系统不工作,测试系统无显示等故障的发生。

(1)雷达信号失效故障分析。

故障现象:信号失效。

故障分析:由于前向毫米波雷达裸露安装在前包围外部,在行车中,前向毫米波雷达易被道路飞溅起的泥巴等污物遮挡,导致"失明"。

这也是前向毫米波雷达失明报警的主要因素,除此之外,在寒冷天气,毫米波雷达表面容易结冰,也会导致"失明"。

排除方法:

针对毫米波雷达表面被污物遮挡,由于成本原因,一般主机厂并没有采取喷水等主动去除去比表面遮挡物的方案,一般情况,车主停车后将雷达表面遮挡物清除便可。

在寒冷的冬天,毫米波雷达表面容易形成结冰,影响信号失准也是一大隐患。为此,前装雷达厂商在毫米波雷达外壳内集成了加热装置,启动车辆后,可以快速升温,解除雷达表面冰冻。

(2)误报警故障分析。

故障现象:雷达误报警。

故障分析：雷达雨衰的现象可能导致雷达误报警情况发生。在暴雨天气,毫米波雷达存在一定幅度的雨衰。例如,正常天气77GHz前向毫米波雷达有效测距为160m,在大雨、大雪等恶劣天气,其有效测距可能会下降到110m,甚至更低。

这种情况下,为了保证车辆行驶安全,系统会主动报警前向雷达故障,强制退出ADAS功能,将车辆驾驶权移交给驾驶员。

(3) 信号失准的故障分析。

故障现象：信号失准。

故障分析：在外力的作用下,雷达的安装位置会出现错位的情况发生,雷达的探测范围和安装位置在出厂前经过严格标定,如果因为车身剧烈振动、前包围托底、擦碰等外力因素,导致雷达安装位置错位,产生信号失准故障。

针对以上问题,还在保修期内的车辆,主机会根据车辆位置安排就近安排4S店对毫米波雷达进行调试,对软件重新标定。

(4) 毫米波雷达传感器系统不工作,测试系统无显示信息故障分析。

故障现象：毫米波雷达传感器系统不工作,测试系统无显示信息。

故障分析：引起此故障现象的原因可能是相关线束电路故障(短路、断路、虚接等)、毫米波雷达自身故障(接受、发射等内部问题)、毫米波雷达与显示系统总线通信故障等原因。

排除方法：

①检查台架供电电压是否正常,如果存在异常则应尽快修复。

②目测相关元器件、控制器、接插器及相关线路是否有松动、破损、损坏等现象,如果存在相关问题则应及时维修或更换。

③检查毫米波雷达控制单元供电和搭铁是否正常,如果存在异常应及时进行维修或更换。

④检查毫米波雷达与显示测试系统的通信状态,如果通信异常应及时进行维修或更换。

(5) 毫米波雷达传感器系统工作,但数据不准确有误差。

故障现象：毫米波雷达传感器系统工作,但数据不准确有误差。

故障分析：引起此故障现象的原因可能是毫米波雷达安装问题、毫米波雷达校正问题、毫米波控制单元故障等原因。

排除方法：

①检查毫米波雷达安装位置是否正确,如果不正确则应及时对毫米波雷达进行校正。

②检查毫米波雷达是否正常,如果存在异常应及时进行维修或更换。

③检查软件系统是否正常,如果存在异常应及时进行修复。

任务实施

引导问题3：激光雷达的检测是如何进行的?

_____

_____

小提示3:

1. 激光雷达线路测量方法

激光雷达传感器端侧面引出缆线,缆线为10芯屏蔽线,输出接口定义及说明见表11-2-5。

激光雷达线束定义说明　　　　　　　　　　　　　表11-2-5

序号	线缆的颜色和规格	定 义	定 义 说 明	数 量
1	红色(22AWG)	VCC	电源正端	1
2	红色(22AWG)	VCC	电源正端	1
3	浅蓝(26AWG)	TD_P	以太网发射差分正端	1
4	蓝色(26AWG)	TD_N	以太网发射差分负端	1
5	浅橙(26AWG)	RD_P	以太网接收差分正端	1
6	橙色(26AWG)	RD_N	以太网接收差分夫端	1
7	黄色(26AWG)	GPS_Rec	GPS 授时接收	1
8	白色(26AWG)	GPS_PPS	GPS 授时同步时钟	1
9	黑色(26AWG)	GND	电源负(GND)	1
10	黑色(26AWG)	GND	电源负(GND)	1

2. 激光雷达信号检测方法

(1)激光雷达部件连接及线路检查方法。

连接激光雷达网络接口和电源线。

检测激光雷达线束连接是否正确,根据激光雷达设置的目标 IP 设置电脑本地 IP 地址,激光雷达目标 IP 地址与电脑 IP 地址需在同一网段,但 IP 地址不能相同。可用 ifconfig 命令查看有线 IP 是否设置成功。

备注:镭神激光雷达出厂默认目的 IP:192.168.1.102,要根据雷达实际配置修改的目的 IP 地址对电脑进行配置,如电脑本地 IP 地址改为 192.168.1.110。

激光雷达上电启动后,观察电脑有线连接图标是否连接正常。

打开终端:ping 激光雷达 IP 地址,检查硬件是否连接正常,若 ping 通则正常,否则检查硬件连接。

(2)激光雷达通信检测方法。

激光雷达与电脑之间的通信采用以太网介质,使用 UDP 协议。雷达网络参数可配置,出厂默认采用固定 IP 地址和端口号(默认2368),按照表11-2-6用户在设置激光雷达 IP 时,本地 IP 地址与目的 IP 地址请勿设置为同一 IP 地址,否则雷达将不能正常工作。

激光雷达 IP 地址　　　　　　　　　　　　　表11-2-6

名 称	IP 地 址	端 口 号
激光雷达	192.168.1.200	2368
电脑	192.168.1.102	2368

3. 激光雷达的常见问题及排除

(1) 故障现象：开机无自检，激光雷达不工作。

故障分析：引起此故障现象的原因可能是控制单元损坏、激光旋转机构损坏、控制单元供电故障、控制单元搭铁线故障、软件系统故障、台架设备供电故障等原因。

排除方法：

检查台架供电电压是否正常，如果存在异常则应尽快修复。

目测相关元器件、控制器、接插器及相关线路是否有松动、破损、损坏等现象，如果存在相关问题则应及时维修或更换。

检查激光雷达控制单元供电和接地是否正常，如果存在异常应及时进行维修或更换。

(2) 故障现象：开机有自检，激光雷达不工作。

故障分析：引起此故障现象的原因可能是激光雷达与控制单元之间线路问题、激光雷达自身故障、激光雷达控制单元端点故障等原因。

排除方法：

激光雷达与控制单元之间的线路存在异常，如果存在异常则应及时进行维修或更换。

用元件代替法检查激光雷达是否损坏，如果激光雷达损坏则应及时进行维修或更换。

用元件代替法检查激光雷达控制单元是否损坏、软件是否有问题。如果存在异常则应及时进行维修或更换。

(3) 故障现象：开机有自检，激光雷达误报警。

故障分析：在大雨、浓雾、浓烟等天气里，激光雷达衰减加大，传播距离大受影响。

这种情况下，为了保证车辆行驶安全，系统会主动报警激光雷达故障，强制退出 ADAS 功能，将车辆驾驶权移交给驾驶员。

 引导问题 4：简述毫米波雷达的故障及排除方法。

_____

_____

☀ 小提示 4：

1. 毫米波雷达故障及排除

1）故障现象

毫米波雷达传感器系统不工作，测试系统无显示信息，上位机软件毫米波雷达信号指示灯闪烁。

2）故障分析

根据实训车线路图分析，引起此故障现象的原因可能是相关线束电路断路故障、CAN 通信故障。

3）故障排除方法

(1) 电压检测法。

使用万用表检测，将万用表表笔拨到直流电压挡位，量程为 20V DC，使用万用表测量前向毫米波雷达 CAN-H 与搭铁线电压是否有 3.3V DC 左右、测量电源正负极是否有 12V DC，如图 11-2-5 所示。

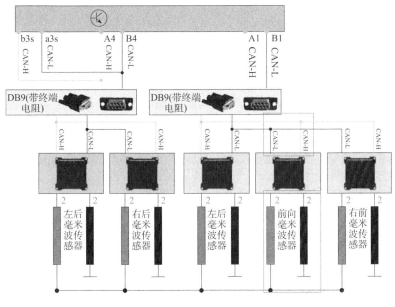

图 11-2-5 电压检测法

（2）电阻检测法。

使用万用表检测，将万用表表笔拨到电阻挡位，测量前向毫米波雷达电源正极、负极线路通断，CAN-H、CAN-L 线路通断。

2. 激光波雷达故障及排除

1）故障现象

开机有自检，激光雷达不工作，上位机软件激光雷达信号指示灯闪烁。

2）故障分析

根据实训车线路图分析，引起此故障现象的原因可能是相关线束电路断路故障，如图 11-2-6 所示。

3）故障排除

（1）电压检测法。

使用万用表检测，将万用表表笔拨到直流电压挡位，量程为 20V DC，使用万用表测量电源线之间电压是否有 12V DC。

（2）电阻检测法。

使用万用表检测，将万用表表笔拨到电阻挡位，测量激光雷达电源正极、负极线路通断。

图 11-2-6 激光雷达故障及排除

 引导问题 5：简述组合导航的故障及排除方法。

💡 **小提示5：**

组合导航故障及排除如下。

1. 故障现象

开机自检，导航系统不工作，但组合导航信号指示灯闪烁。

2. 故障分析

根据实训车线路图分析，引起此故障的现象的原因可能是DTU电源线电路断路故障，如图11-2-7所示。

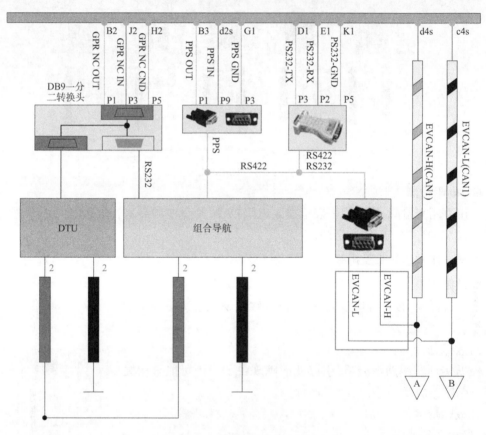

图11-2-7 组合导航故障及排除

3. 故障排除

（1）电压检测法。

使用万用表检测，将万用表表笔拨到直流电压挡位，量程为20V DC，使用万用表测量DTU电源线电压是否有12V DC。

（2）电阻检测法。

使用万用表检测，将万用表表笔拨到电阻挡位，测量DTU电源正极、负极线路通断，如图11-2-8所示。

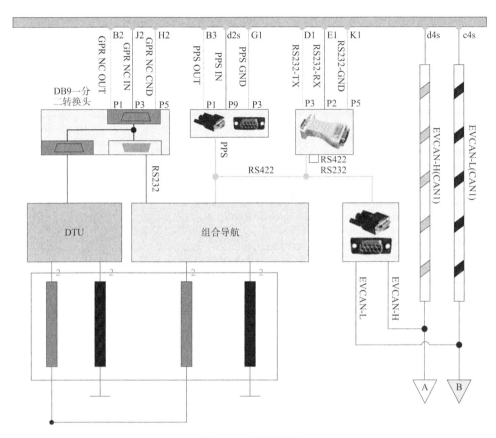

图 11-2-8　电压检测法

> 📝 **评价反馈**

考核内容与评分标准见表 11-2-7。

考核内容与评分标准　　　　　　　　　　　　　　　　　　　　表 11-2-7

考核项目		考核内容	评分标准	分数	小组互评	教师评价	得分
理论考核（60%）		采用笔试形式，在每个任务结束时实施，考核内容是结构与原理、安装与调试等	选择题30%；判断题30%；填空题20%；简答题20%	60	—		
实操考核（40%）	过程考核（20%）	团队合作、活动参与	是否和谐	2			
		安全规范操作	有无安全隐患	2			
		现场8S（整理、整顿、清理、清扫、安全、服务、素养、节约）	是否做到	2			
		制订安装与调试作业实施计划	方案是否正确、合理	2			

续上表

考核项目		考核内容	评分标准	分数	小组互评	教师评价	得分
实操考核（40%）	过程考核（20%）	操作过程	1.学生8人一组,在电气学习训练区完成实训任务,教师及小组互检评分； 2.每人撰写实训报告并在小组进行交流,根据在小组活动中的表现进行小组互评	12			
	结果考核（20%）	任务完成情况	是否圆满完成	10			
		工具、设备使用	是否规范、标准	5			
		劳动纪律	是否能严格遵守	3			
		工作页填写	是否完整、规范	2			
合计		教师签名：	年　月　日				

参 考 文 献

[1] 徐生明.汽车电气系统结构原理与安装调试[M].成都:西南交通大学出版社,2015.
[2] 杨光明,张仕奇,刘仍贵.电动汽车结构与原理[M].北京:化学工业出版社,2019.
[3] 蔡跃.职业教育活页式教材开发指导手册[M].上海.华东师范大学出版社,2020.
[4] 潭晓军.电动汽车智能电池管理系统技术[M].北京:机械工业出版社,2019.
[5] 张小兴,韦军新.电动汽车电机及控制系统[M].北京:人民交通出版社股份有限公司,2018.
[6] 中华人民共和国国家质量监督检验检疫总局,中国国家标准化管理委员会.电动汽车术语:GB/T 19596—2017[S].北京:中国标准出版社,2017.
[7] 张斌,赵良红.电动汽车动力蓄电池及充电系统检修[M].北京:机械工业出版社,2018.
[8] 中华人民共和国国家质量监督检验检疫总局,中国国家标准化管理委员会.电动汽车用驱动电机系统:GB/T 18488.1—2015[S].北京:中国标准出版社,2015.
[9] 汪立亮.电动汽车电气系统原理与检修[M].北京:化学工业出版社,2020.